LA COMTESSE

DE CHARNY

PAR

ALEXANDRE DUMAS

17

PARIS
ALEXANDRE CADOT, ÉDITEUR
37, rue Serpente

1855

LA COMTESSE DE CHARNY

Le Neuf de Pique, *par la comtesse Dash*. . .	6 vol.
Le dernier Chapitre, *par la même*.	4 vol.
Camille, *par Roger de Beauvoir*.	2 vol.
Le Veau d'Or, *par Frédéric Soulié*.	10 vol.
Les Parvenus, *par Paul Féval*.	3 vol.
Le Tueur de Tigres, *par le même*.	2 vol.
Le Capitaine Simon, *par le même*.	2 vol.
La sœur des Fantômes, *par le même*. . . .	3 vol.
La Fée des Grèves, *par le même*.	3 vol.
Les Belles de Nuit, *par le même*.	8 vol.
Deux Trahisons, *par Auguste Maquet*. . . .	2 vol.
Le Docteur Servans, *par A. Dumas, fils*. . .	2 vol.
Tristan-le-Roux, *par le même*.	3 vol.
Césarine, *par le même*.	1 vol.
Aventures de quatre Femmes, *par le même*.	6 vol.
Les Drames de Province, *par André Thomas*.	4 vol.
Les Ouvriers de Paris, *par le même*. . . .	4 vol.
Deux Marguerite, *par madame Charles Reybaud*.	2 vol.
Hélène, *par la même*.	2 vol.
Les Iles de Glace, *par G. de la Landelle*. .	4 vol.
Une haine à bord, *par le même*.	2 vol.
Le Morne-aux-Serpents, *par le même*. . .	2 vol.
Falcar le Rouge, *par le même*.	5 vol.
Piquillo Alliaga, *par Eugène Scribe*.	11 vol.

Fontainebleau, imprimerie de E. Jacquin.

LA COMTESSE

DE CHARNY

PAR

ALEXANDRE DUMAS

PARIS
ALEXANDRE CADOT, ÉDITEUR
37, rue Serpente

1855

I

Le lendemain.

Le lendemain à huit heures précises, Gilbert frappait à la porte du petit hôtel de la rue Coq-Héron.

Sur la demande que lui avait faite Pitou au nom d'Andrée, Gilbert étonné, s'était fait raconter les événements de la veille dans tous leurs détails.

Puis il avait longtemps réfléchi.

Puis enfin, — au moment de sortir le matin, il avait appelé Pitou, l'avait prié d'aller chercher Sébastien chez l'abbé Berardier, et de l'amener à la rue Coq-Héron.

Arrivé là, il attendrait à la porte la sortie de Gilbert.

Sans doute, le vieux concierge était-il prévenu de l'arrivée de Gilbert; car l'ayant reconnu, il l'introduisit dans le salon qui précédait la chambre à coucher.

Andrée attendait, toute vêtue de noir.

On voyait qu'elle n'avait, ni dormi ni pleuré depuis la veille, — son visage était pâle, son œil aride.

Mais jamais les lignes de son visage,— lignes qui indiquaient la volonté, portée jusqu'à l'entêtement, n'avaient été si fermement tendues.

Il eut été difficile de dire quelle résolution ce cœur de diamant avait arrêtée, — seulement, il était facile de voir qu'il en avait arrêté une.

Gilbert, l'observateur habile, le médecin philosophe, vit et comprit cela au premier coup d'œil.

Il salua et attendit.

— Monsieur Gilbert, dit Andrée, — je vous ai prié de venir.

— Et vous le voyez, Madame, dit Gilbert, je me suis exactement rendu à votre invitation.

— Je vous ai demandé, — vous, et non pas un autre, parce que je voulais que celui à qui je ferais la demande que je vais vous faire, n'eut pas le droit de me refuser.

— Vous avez raison, Madame, — non point peut-être dans ce que vous allez me demander, mais dans ce que vous dites. Vous avez le droit de tout exiger de moi, — même ma vie.

Andrée sourit amèrement.

— Votre vie, Monsieur, est une de ces existences si précieuses à l'humanité, que je serai la première à demander à Dieu de vous la faire longue et heureuse, bien loin d'avoir l'idée de l'abréger; mais convenez qu'autant la vôtre est née sous une influence heureuse, — autant il en est d'autres qui semblent soumises à quelque astre fatal.

Gilbert se tut.

— La mienne, par exemple, reprit Andrée après un instant de silence, — que dites-vous de la mienne, Monsieur?

Puis, comme Gilbert baissait les yeux sans répondre :

— Laissez-moi vous la rappeler en deux mots. — Soyez tranquille, il n'y aura de reproche pour personne.

Gilbert fit un geste qui voulait dire : Parlez.

— Je suis née pauvre : mon père était ruiné avant ma naissauce; ma jeunesse fut triste, isolée, solitaire. — Vous avez connu mon père, et vous savez mieux que personne la mesure de sa tendresse pour moi.

Deux hommes, dont l'un eût dû me rester inconnu, et l'autre étranger, eurent sur ma vie une influence fatale :

dans laquelle ma volonté ne fut pour rien.

L'un disposa de mon âme.

L'autre prit mon corps.

Je me trouvai mère sans me douter que j'avais cessé d'être vierge.

Je faillis perdre dans ce sombre événement, la tendresse du seul être qui m'avait jamais aimée.

De mon frère.

Je me consolai à cette idée de devenir mère par celle d'être aimée de mon enfant.

Mon enfant me fut enlevé, une heure après sa naissance.

Je me trouvai femme sans mari, mère sans enfant.

L'amitié d'une reine me consolait.

Un jour, le hasard mit dans la même voiture que nous, un homme, beau, jeune, brave.

La fatalité voulut que moi, qui n'avait jamais rien aimé, je l'aimasse.

Il aima la reine.

Je devins la confidente de cet amour.

Je crois que vous avez aimé sans être aimé, M. Gilbert, vous pouvez donc comprendre ce que je souffris.

Ce n'était point assez.

Un jour il arriva que la reine me dit:

— Andrée, — sauve-moi la vie! — sauve-moi plus que la vie; sauve-moi l'honneur !

Il fallait, tout en restant une étrangère pour lui, devenir la femme de l'homme que j'aimais depuis trois ans.

Je devins sa femme.

Cinq ans, — je demeurai près de cet homme, flamme au-dedans, glace au dehors, — statue dont le cœur brûlait.

Médecin, — dites, — comprenez-vous ce que dût souffrir mon cœur.

Un jour enfin ! jour d'ineffables délices, mon dévouement, mon silence, mon abnégation touchèrent cet homme, — depuis sept ans je l'aimais sans le lui avoir laissé soupçonner par un regard, — quand lui, tout frémissant, vint se jeter à mes pieds, en me disant :

— Je sais tout, et je vous aime.

Dieu, qui voulait me récompenser, permit qu'en même temps, que je retrouvais mon époux, — je retrouvais aussi mon enfant.

Un an s'écoula comme un jour, — comme une heure, comme une minute. Cette année, ce fut toute ma vie.

Il y a quatre jours, la foudre tomba à mes pieds.

Son honneur lui disait de revenir à Paris et d'y mourir.

Je ne lui fis pas une observation, je ne versai pas une larme.

Je partis avec lui.

A peine arrivé, il me quitta.

Cette nuit je l'ai retrouvé mort.

Il est là dans cette chambre.

Croyez-vous que ce soit par trop ambitieux à moi, après une pareille vie, de désirer dormir dans le même tombeau ? — Croyez-vous que ce soit une demande que vous puissiez me refuser, vous, que celle que je vais vous faire ?

— Monsieur Gilbert, vous êtes médecin habile, — savant chimiste; — monsieur Gilbert, vous avez eu de grands torts envers moi, beaucoup à expier ; monsieur Gilbert, donnez-moi un poison rapide et sûr, et non-seulement je vous pardonnerai, mais encore je mourrai le cœur plein de reconnaissance.

— Madame, répliqua Gilbert, votre vie a été, vous l'avez dit, une douloureuse épreuve, et cette épreuve, — gloire vous soit rendue, vous l'avez supportée en martyre, noblement, saintement.

Andrée fit un léger signe de tête qui signifiait :

— J'attends !

— Maintenant vous dites à votre bourreau : Tu m'as rendu la vie cruelle, donne-moi une mort douce. — Vous ayez le droit de lui dire cela, — vous avez raison d'ajouter :

— Tu feras ce que je te dis, car tu n'as le droit de me rien refuser de ce que je te demande.

— Ainsi, Monsieur...

— Exigez-vous toujours du poison, Madame?

— Je vous supplie de m'en donner, mon ami.

— La vie vous est-elle si lourde que vous ne puissiez la supporter ?

— La mort est la plus douce grâce que puissent me faire les hommes, le plus grand bienfait que puisse m'accorder Dieu.

— Dans dix minutes, Madame, — dit Gilbert, — vous aurez ce que vous demandez.

Il s'inclina et fit un pas en arrière.

Andrée lui tendit la main.

— Ah ! dit-elle, en un instant vous me faites plus de bien qu'en toute votre vie vous ne m'avez fait de mal.

Soyez béni, Gilbert.

Gilbert sortit.

A la porte il trouva Sébastien et Pitou qui l'attendaient dans un fiacre.

— Sébastien, dit-il en tirant de sa poitrine un petit flacon qu'il portait suspendu à une chaîne d'or et qui contenait une liqueur couleur d'opale, — Sébastien, tu donneras de ma part ce flacon à la comtesse de Charny.

— Combien de temps puis-je rester chez elle, mon père ?

— Le temps que tu voudras.

— Et où vous retrouverai-je ?

— Je t'attends ici.

Le jeune homme prit le flacon et entra.

Un quart d'heure après il sortit.

Gilbert jeta sur lui un regard rapide. Il rapportait le flacon intact.

— Qu'a-t-elle dit? demanda Gilbert.

— Elle a dit : — Ah! pas de ta main, mon enfant.

— Qu'a-t-elle fait?

— Elle a pleuré.

— Elle est sauvée alors, dit Gilbert.— Viens, mon enfant.

Et il embrassa Sébastien, plus tendrement peut-être qu'il n'avait jamais fait.

Gilbert comptait sans Marat.

Huit jours après, il apprit que la comtesse de Charny venait d'être arrêtée et avait été conduite à la prison de l'Abbaye.

II

Le Temple.

Mais avant de suivre Andrée dans la prison où l'on venait de l'envoyer comme suspecte, suivons la reine dans celle où l'on venait de la conduire comme coupable.

Nous avons posé l'antagonisme de l'Assemblée et de la Commune.

L'Assemblée, comme il arrive aux

corps constitués, n'avait point marché du même pas que les individus ; elle avait lancé le peuple dans la voie du 10 août, puis elle était restée en arrière.

Les sections avaient improvisé ce fameux conseil de la commune, et c'était ce conseil de la commune qui, en réalité, avait fait le 10 août prêché par l'Assemblée.

L'Assemblée avait donné un asile au roi, que la Commune n'eût point été fâché de surprendre aux Tuileries, d'étouffer entre deux matelas, d'étrangler entre deux portes, avec la reine et le dauphin.

Avec la *louve* et le *louveteau*, comme on disait.

L'Assemblée avait fait échouer ce projet, dont la réussite, tout infâme qu'il fût, eût peut-être été un grand bonheur.

Donc, l'Assemblée protégeant le roi, la reine, le dauphin, la cour même, l'Assemblée était royaliste.

L'Assemblée décrétant que le roi habiterait le Luxembourg, c'est-à-dire un palais, l'Assemblée était royaliste.

Il est vrai que, comme en toutes choses, il y a des degrés dans le royalisme.

Ce qui était royaliste aux yeux de la Commune, ou même aux yeux de l'Assemblée, était révolutionnaire à d'autres yeux.

Lafayette, proscrit comme *royaliste* en France, n'allait-il pas être emprisonné comme révolutionnaire par François Ier ou François II, soit qu'on veuille le prendre comme empereur d'Autriche ou roi de Hongrie.

La Commune commençait donc d'accuser l'Assemblée de royalisme ; puis, de temps en temps, Robespierre sortait, du trou où il était caché, sa petite tête plate, pointue, vénéneuse et sifflait une calomnie.

Robespierre etait justement en train de dire, dans ce moment-là, qu'un parti puissant, la *Gironde,* offrait le trône au duc de Brunswick.

La *Gironde!* comprenez-vous? c'est-à-dire la première voix qui eût crié : Aux armes! le premier bras qui se fût offert pour défendre la France !

Or, la commune *révolutionnaire* devait donc, pour arriver à la *dictature,* contre-carrer tout ce que faisait l'Assemblée *royaliste*.

L'Assemblée avait accordé au roi le Luxembourg comme logement.

La Commune déclara qu'elle ne répondait pas du roi, si le roi habitait le Luxembourg.

Les caves du Luxembourg, assurait la Commune, communiquaient avec les catacombes.

L'Assemblée, déjà en froid avec la commune, ne voulait pas rompre avec elle pour si peu de chose.

Elle lui laissa le le soin de choisir de la résidence royale.

La Commune décréta le Temple.

Voyez comme l'emplacement est bien choisi.

Le Temple n'est pas, comme le Luxembourg, un palais donnant par ses caves dans les catacombes, par ses murailles sur la plaine.

Non, formant angle aigu avec le Luxembourg et l'Hôtel-de-Ville, c'est une prison à son ombre, sous son œil; elle n'a qu'à étendre la main, et elle en ouvre ou ferme les portes.

C'est un vieux donjon isolé, dont on a refait le fossé ; c'est une vieille tour basse, forte, sombre, lugubre ; Philippe le Bel, — c'est-à-dire la royauté, — y brisa le moyen-âge qui se se révoltait contre lui.

La royauté y rentrera brisée par l'âge nouveau.

Comment cette vieille tour est-elle restée là dans ce quartier populeux, noire et triste comme une chouette au grand soleil ?

C'est là que la Commune décide que demeurera le roi et sa famille.

Y a-t-il eu calcul en assignant pour domicile au roi ce lieu d'asile où les anciens banqueroutiers venaient se coiffer du bonnet vert et *frapper du cul la pierre,* comme dit la loi du moyen-âge, après quoi ils ne devaient plus rien?

Non, il y a hasard, fatalité!.. nous dirions Providence, si le mot n'était si cruel.

Le 13 au soir, le roi, la reine, madame Élisabeth, madame de Lamballe, madame de Tourzel; M. de Chamilly, valet de chambre du roi, et M. Hus, valet de chambre du dauphin, furent conduits au Temple.

La Commune s'était tellement pressée de faire conduire le roi à sa future résidence, que la tour n'était point prête.

La famille royale fut en conséquence introduite dans cette portion de bâtiment qu'habitait autrefois M. le comte d'Artois quand il venait à Paris, et que l'on appelait le Palais.

Tout Paris semblait en joie. — Trois mille citoyens étaient morts, c'était vrai, — mais le roi, mais l'ami des étrangers, mais le grand ennemi de la Révolution, le roi, l'allié des nobles et des prêtres, le roi était prisonnier.

Toutes les maisons dominant le Temple étaient illuminées.

Il y avait des lampions jusque dans les crénaux de la tour.

Lorsque le roi descendit de voiture, il trouva Santerre à cheval, se tenant à dix pas de la portière.

Deux municipaux l'attendaient, le chapeau sur la tête.

— Entrez, Monsieur, lui dirent-ils.

Le roi entra, et, se trompant naturellement sur sa résidence future, demanda à visiter les appartements du Palais.

Les municipaux échangèrent un sourire, et sans lui dire que la promenade qu'il allait faire était inutile, puisque c'était au donjon qu'il devait résider, ils lui firent visiter le Temple, pièce par pièce.

Le roi faisait la distribution de son appartement.

Et les municipaux jouissaient de cette erreur, qui allait tourner en amertume.

A dix heures le souper fut servi.

Pendant le repas, Manuel se tint debout près du roi.

Ce n'était plus un serviteur prompt à obéir.

C'était un geôlier, un surveillant, un maître.

Supposez deux ordres contradictoires, un donné par le roi, un donné par Manuel.

C'est l'ordre de Manuel que l'on eût exécuté.

Là commençait réellement la captivité.

A partir du 13 août au soir, le roi, vaincu au sommet de la monarchie, quitte la cîme suprême, et descend à pas rapides le versant opposé de la montagne, au bas duquel l'attend l'échafaud.

Il a mis dix-huit ans à gravir le haut sommet et à s'y maintenir.

Il mettra cinq mois et huit jours à en être précipité.

Voyez avec quelle rapidité on le pousse.

A dix heures on est dans la salle à manger du Palais, à onze heures dans le salon du Palais.

Le roi *est* encore, du moins croit encore *être* le roi.

Il ignore ce qui se passe.

A onze heures, un des commissaires vient donner l'ordre aux deux valets de chambre, Hus et Chemilly, de prendre le peu de linge qu'ils avaient, et de les suivre.

— Où cela? — demandèrent les valets de chambre.

— A la résidence de nuit de *vos* maîtres, — répondit le commissaire; — le Palais n'est résidence que de jour.

Le roi, la reine, le dauphin n'étaient déjà plus *les* maîtres que de leurs valets de chambre.

A la porte du Palais on trouva un municipal qui marcha devant avec une lanterne.

On suivit le municipal.

A la faible lueur de cette lanterne, et grâce à l'illumination des maisons voisines,—illuminations qui commençaient à s'éteindre, — M. Hus cherchait à reconnaître la future habitation du roi.

Il ne voyait devant lui que le sombre donjon, s'élevant dans l'air comme un géant de granit au front duquel brillait une couronne de feu.

— Mon Dieu! — dit le valet de chambre s'arrêtant, — est-ce que ce serait à cette tour que vous nous conduiriez?

— Justement! — répondit le municipal. — Ah! le temps des palais est passé, tu vas voir comment on loge les assassins du peuple.

En achevant ces paroles, l'homme à la

lanterne montait les premières marches d'un escalier en limaçon.

Les valets de chambre s'arrêtaient au premier étage.

Mais l'homme à la lanterne continuait son chemin.

Enfin, au second étage il s'arrêta, prit un corridor situé à droite de l'escalier, et ouvrit une chambre située à droite du corridor.

Une seule fenêtre éclairait cette chambre.

Trois ou quatre siéges, une table, un mauvais lit formaient tout l'ameublement de cette chambre.

— Lequel de vous deux est le domestique du roi? — demanda le municipal.

— Je suis son valet de chambre, — répondit Chemilly.

— Valet de chambre ou domestique, c'est toujours la même chose.

Alors, lui montrant le lit :

— Tiens, — ajouta-t-il, — c'est ici que ton maître couchera.

Et l'homme à la lanterne jeta sur une chaise une couverture et une paire de draps, alluma avec sa lanterne deux chandelles sur la cheminée, et les laissa seuls.

On allait préparer l'appartement de la reine, situé au premier étage.

Les deux valets de chambre se regardèrent stupéfaits ; ils avaient encore dans leurs yeux pleins de larmes les splendeurs des demeures royales. Ce n'était plus même dans une prison qu'on précipitait le roi.

On le logeait dans un taudis.

La majesté de la mise en scène manquait au malheur.

Ils examinèrent la chambre.

Le lit était dans une alcôve sans rideaux.

Une vieille claie d'osier, posée contre

la muraille, indiquait une précaution prise contre les punaises, — précaution insuffisante, — c'était facile à voir.

Ils ne se rebutèrent point cependant, et se mirent à nettoyer de leur mieux la chambre et le lit.

Comme l'un balayait et comme l'autre époussetait, le roi entra.

— Oh! Sire, — dirent-ils d'une même voix, — quelle infamie!

Le roi, — était-ce force d'âme, était-ce insouciance, — demeura impassible. Il jeta un regard autour de lui, mais ne dit pas un mot.

Puis, comme la muraille était tapissée

de gravures, et que quelques-unes de ces gravures étaient obscènes, il les arracha.

— Je ne veux pas, dit-il, laisser de pareils objets sous les yeux de ma fille.

Puis, son lit fait, le roi se coucha et s'endormit aussi tranquillement que s'il eût encore été aux Tuileries.

Plus tranquillement peut-être.

Certes, si à cette heure on eût donné au roi trente mille livres de rente, une maison de campagne avec une forge, une bibliothèque de voyages, une chapelle où entendre la messe, un chapelain pour la lui dire, un parc de dix arpents où il eût pu vivre à l'abri de toute intrigue avec la reine, le dauphin, Madame royale, c'est-à-dire, — mots plus doux, — avec sa femme et ses enfants, le roi eût été l'homme le plus heureux de son royaume.

Il n'en fut point ainsi de la reine.

Si elle ne rugit pas à la vue de sa cage, la fière lionne, c'est qu'une si cruelle douleur veillait au fond de sa poitrine qu'elle devenait aveugle et insensible à tout ce qui l'entourait.

Son appartement se composait de quatre pièces :

Une antichambre, où s'arrêta madame la princesse de Lamballe ;

Une chambre, où s'installa la reine ;

Un cabinet, que l'on céda à madame de Tourzel;

Une seconde chambre, dont on fit l'habitation de madame Élisabeth et des deux enfants.

Le tout était un peu plus propre que chez le roi.

D'ailleurs, comme si Manuel eût eu honte de l'espèce de supercherie dont on avait usé avec le roi, il annonça que l'architecte de la Commune, le citoyen Palloy, viendrait s'entendre avec le roi, pour rendre la future habitation de la famille royale aussi commode que possible.

Au reste, pendant qu'Andrée dépose

dans la tombe le corps de son mari bien-aimé, — tandis que Manuel installe le roi et la famille royale au temple, — tandis que le charpentier dresse la guillotine sur la place du Carrousel, champ de victoire qui va se transformer en place de Grève, — jetons un coup d'œil dans l'intérieur de l'Hôtel-de-Ville, où nous sommes déjà entrés deux ou trois fois, et apprécions le pouvoir qui vient de succéder à celui de Bailly et de Lafayette, et qui tend, en se substituant à l'Assemblée législative, à s'emparer de la dictature.

Voyons les hommes, ils nous donneront l'explication des actes.

Le 10 au soir, — quand tout était fini,

bien entendu,—quand le bruit du canon était assoupi, — quand le bruit de la fusillade était éteint, — quand on ne faisait plus qu'assassiner, — une troupe de gens, ivres et déguenillés, avait apporté à bras l'homme des ténèbres, le hibou aux paupières clignotantes, le prophète de la populace,

Le DIVIN Marat.

Lui s'était laissé faire. — Il n'y avait plus rien à craindre ; la victoire était décidée et le champ ouvert aux loups, aux vautours et aux corbeaux.

Ils l'appelaient le vainqueur du 10 août, lui qu'ils avaient pris au moment où il sortait la tête par le soupirail d'une cave — au club des cordeliers où l'avait caché Danton.

Et il se laissait appeler vainqueur.

Ils l'avaient couronné de lauriers.

Et lui, comme César, avait gardé naïvement la couronne.

Ils vinrent, les citoyens sans-culottes, et jetèrent le dieu Marat au milieu de la Commune.

C'était ainsi qu'on avait jeté Vulcain estropié dans le conseil des dieux.

A la vue de Vulcain les dieux avaient ri.

A la vue de Marat, beaucoup rirent, les autres furent pris de dégoût.

Quelques-uns frémirent.

C'étaient ceux-là qui avaient raison.

Et cependant Marat n'était point de la Commune.

Il n'en avait point été nommé; il y avait été apporté.

Il y resta.

On lui fit pour lui, — tout exprès pour lui, — une loge de journaliste.

Seulement, au lieu que ce fût, comme dans la loge du *Logographe*, le journaliste qui fût sous la main de l'Assemblée, ce fut la Commune qui se trouva sous la griffe, sous la patte de Marat.

De même qu'Angelo, — dans le beau drame de notre ami Victor Hugo, — de même qu'Angelo est sur Padoue, mais sent Venise au-dessus de lui,

De même la Commune était sur l'Assemblée, — mais sentait Marat au-dessus d'elle.

Voyez comme elle obéit à Marat, cette altière Commune à laquelle obéit l'Assemblée.

Voici une des premières décisions qu'elle prend :

« Désormais les presses des empoi-
« sonneurs royalistes seront confis-
« quées et adjugées aux imprimeurs pa-
« triotes. »

Le matin du jour où le décret doit être rendu, Marat l'exécute. Il va à l'imprimerie royale, fait traîner une presse chez lui, et fait emporter dans un sac tous les caractères qui lui conviennent.

N'est-il pas le premier des imprimeurs patriotes ?

L'Assemblée s'était effrayée des massacres du 10 ; elle avait été impuissante à les empêcher : on avait massacré dans sa cour, dans ses corridors ; à sa porte. Danton avait dit :

— Où commence l'action de la justice, là doivent cesser les vengeances populaires. Je prends donc devant l'Assemblée l'engagement de protéger les hommes qui sont dans son enceinte; je marcherai à leur tête, je réponds d'eux.

Danton avait dit cela avant que Marat fût à la commune.

Du moment où Marat fut à la commune, Danton ne répondit plus de rien.

En face du serpent, le lion biaisa.

Il essaya de se faire renard.

Lacroix, cet ancien officier, ce député athlétique, un des cent bras de Danton, monta à la tribune et demanda de faire nommer par le commandant de la garde nationale, par Santerre, l'homme auquel, les royalistes eux-mêmes, accordent sous sa forme rude, un cœur compatissant, Lacroix demanda de faire nommer une cour martiale qui jugera sans désemparer, suisses, officiers, soldats.

Voilà quelle était l'idée de Lacroix ou plutôt de Danton.

Cette cour martiale, on la prendrait parmi ceux qui s'étaient battus, les hommes qui s'étaient battus c'étaient les hommes de courage ; les hommes de courage apprécient et respectent le courage.

D'ailleurs par cela même qu'ils étaient

vainqueurs, ils eussent répugné à condamner des vaincus.

Ne les a-t-on pas vu ces vainqueurs, ivres de sang, fumant de carnage, épargner les femmes, les protéger, les reconduire.

Une cour martiale choisie parmi les fédérés Bretons ou Marseillais, parmi les vainqueurs, enfin : c'était le salut des prisonniers.

Et la preuve que c'était une mesure de clémence, c'est que la Commune la repoussa.

Pourquoi?

Marat préférait le massacre, c'était plutôt fini.

Il demandait des têtes, puis des têtes, et encore des têtes.

Son chiffre, au lieu de diminuer, allait toujours croissant. Ce furent cinquante mille têtes d'abord, puis cent mille, puis deux cent mille.

A la fin il en demandait deux cent soixante-treize mille.

Pourquoi ce compte bizarre, cette fraction étrange?

Il serait bien embarrassé lui-même de nous le dire.

Il demande le massacre, voilà tout.

Et le massacre s'organise.

Aussi Danton ne met plus le pied à la Commune, son travail de ministre l'absorbe à ce qu'il dit.

Que fait la Commune ?

Elle expédie des députations à l'Assemblée.

Le 16, trois députations se succèdent à la barre.

Le 17, une nouvelle députation se présente.

— Le peuple, dit-elle, est las de n'être point vengé, craignez qu'il ne fasse justice. Ce soir, à minuit, le tocsin sonnera, il faut un tribunal criminel aux Tuileries, un juge par chaque section. Louis XVI et Antoinette voulaient du sang, qu'ils voient couler celui de leurs satellites.

Aussi cette pression fait elle bondir deux hommes.

Le jacobin Chaudieu.

Le dantoniste Thuriot.

— Ceux qui viennent demander ici le massacre, dit Chaudieu, ne sont point des amis du peuple, ce sont ses flatteurs. On veut une inquisition, j'y résisterai jusqu'à la mort.

— Vous voulez déshonorer la Révolution, dit Thuriot ; la Révolution n'est pas seulement à la France, elle est à l'humanité.

Après les pétitions, viennent les menaces.

Ce sont les sectionnaires qui entrent à leur tour et qui disent :

— Si avant deux ou trois heures, le directeur du jury n'est pas nommé et si les jurés ne sont pas en état d'agir, de grands malheurs se promèneront dans Paris.

A cette dernière menace, l'Assemblée fut forcée d'obéir, elle vota la création d'un tribunal extraordinaire.

C'était le 17 que la demande était faite.

Le 19, le tribunal était créé.

Le 20, le tribunal s'installait et condamnait un royaliste à mort.

Le 21 au soir, le condamné de la veille était exécuté aux flambeaux sur la place du Carrousel.

Au reste, l'effet de cette première exécution fut terrible, si terrible que le bourreau lui-même ne put y résister.

Au moment où il montrait au peuple la tête du condamné qui devait ouvrir une si large route aux charettes funèbres, il jeta un cri, laissa rouler la tête sur le pavé et tomba à la renverse.

Les aides le ramassèrent, il était mort.

III

La révolution sanglante.

La révolution de 1789, c'est-à-dire, celle des Necker, des Sieyès et des Bailly, s'était terminée en 1790, — celle des Barnave, des Mirabeau et des Lafayette avait eu sa fin en 1792.

La grande révolution, — la révolution

sanglante, — la révolution des Danton, des Marat et des Robespierre était commencée.

En accolant les noms de ces trois hommes, — je ne veux pas les confondre dans une seule appréciation, tout au contraire, ils représentent à nos yeux dans leurs individualités bien distinctes les trois faces des trois années qui vont s'écouler.

Danton s'incarnera dans 1782.

Marat dans 1793.

Robespierre dans 1794.

Les événements d'ailleurs se pressent. — Voyons les événements, — nous examinerons ensuite les moyens par lesquels leur font face l'Assemblée nationale et la Commune. D'ailleurs nous voici à peu près tombés dans l'histoire ; tous les personnages de notre livre, à quelques exceptions près, ont sombré dans la tempête révolutionnaire.

Que sont devenus les trois frères Charny, Georges, Isidore et Olivier ?

Ils sont morts.

Que sont devenues la reine et Andrée ?

Elles sont prisonnières.

Que devient Lafayette ?

Il est en fuite.

Le 17 août, Lafayette, par une adresse, avait appelé l'armée à marcher sur la capitale, à y rétablir la Constitution, à défaire le 10 août et à rétablir le roi.

Lafayette, l'homme loyal, avait perdu la tête comme les autres ; ce qu'il voulait faire, c'était conduire directement les Prussiens et les Autrichiens à Paris.

L'armée le repoussa d'instinct, comme dix-huit mois plus tard elle repoussa Dumourier.

L'histoire eût accolé les deux noms de ces deux hommes l'un à l'autre, — nous voulons dire enchaînés, — si Lafayette n'avait eu le bonheur, — detesté par la reine, — d'être arrêté par les Autrichiens et envoyé à Olmutz.

La captivité fit oublier la désertion.

Le 18, Lafayette passa la frontière.

Le 21, les ennemis de la France, — les alliés de la royauté contre lesquels on a fait le 10 août et contre lesquels on va faire le 2 septembre, — les Autrichiens que Marie-Antoinette appelait à son aide pendant cette claire nuit où la lune en passant à travers les vitres de la chambre à coucher de la reine venait se jouer sur son lit, — les Autrichiens investissaient Longwy.

Après vingt-quatre heures de bombardement, Longwy se rendait.

La veille de cette reddition, à l'autre extrémité de la France, la Vendée se soulevait.

La prestation du serment ecclésiastique était le prétexte de ce soulèvement.

Pour faire face à ces événements, l'Assemblée nommait Dumourier au commandement de l'armée de l'Est et décrétait Lafayette d'accusation.

Elle arrêtait qu'aussitôt que la ville de Longwy serait rentrée au pouvoir de la nation française toutes les maisons, à l'exception des maisons nationales, seraient détruites et rasées.

Elle rendait une loi qui bannissait du

territoire tout prêtre non assermenté.

Elle autorisait les visites domiciliaires.

Elle confisquait et mettait en vente les biens des émigrés.

Pendant ce temps, que faisait la Commune?

Nous avons dit quel était son oracle : Marat.

La Commune guillotinait sur la place du Carrousel.

On lui donnait une tête par jour, — c'était bien peu, mais dans une brochure qui paraît à la fin d'août, les membres du tribunal expliquent l'énorme travail qu'ils se sont imposés pour obtenir ce résultat si peu satisfaisant qu'il soit.

Il est vrai que la brochure est signé : Fouquier-Thinville.

Aussi voyez ce que la commune rêve, — nous allons assister tout à l'heure à la réalisation de ce rêve.

C'est le 25 août au soir qu'elle donne son prospectus.

Suivie d'une tourbe ramassée dans les ruisseaux des faubourgs et des halles, une députation de la Commune se présente vers minuit à l'assemblée nationale.

Que demande-t-elle ?

Que les prisonniers d'Orléans soient amenés à Paris pour y subir leur supplice.

Or les prisonniers d'Orléans ne sont pas jugés.

Soyez tranquilles, c'est une formalité dont la Commune se passera.

D'ailleurs elle a la fête du 10 août qui va lui venir en aide.

Sergent, son artiste, en est l'ordonnateur; il a déjà mis en scène la procession de la patrie en danger et vous savez s'il a réussi.

Cette fois Sergent se surpassera.

Il s'agit d'emplir de deuil, de vengeance, de douleur meurtrière les âmes de tous ceux qui ont perdu au 10 août un être qui leur était cher.

En face de la guillotine qui fonctionne sur la place du Carrousel, il élève dans le grand bassin des Tuileries une gigantesque pyramide toute recouverte de serge noire, sur chaque face sont écrits les massacres qu'on reproche aux royalistes, — massacre de Nancy, — massacre de Nimes, — massacre de Montauban, — massacre du Champ-de-Mars.

La guillotine disait : Je tue.

La pyramide disait : Tue !

C'était le dimanche, 27 août, cinq jours après l'insurrection de la Vendée, — faite par les prêtres, — quatre jours après la prise de Longwy dont le général Clairfaict venait de prendre possession au nom du roi Louis XVI que la procession expiatoire se mit en marche, vers huit heures du soir, afin de profiter des mystérieuses majestés que les ténèbres jettent sur toutes choses.

Dabord à travers des nuages de parfums brûlants, sur toute la route à parcourir, marchaient les veuves et les orphelins du 10 août drapés de robes blanches, la taille serrée de ceintures noires, portant dans une arche faite sur le modèle de l'arche antique, cette pétition que nous avons vu dictée par madame Roland et écrite par mademoiselle de Keralio, dont les feuilles sanglantes avaient été retrouvées éparses dans le Champ-de-Mars et qui, dès le 17 juillet 1791, demandait la République.

Puis venaient de gigantesques sarcophages noirs faisant allusion aux charrettes pleines de cadavres que l'on chargeait dans les cours des Tuileries, et que l'on transportait vers les faubourgs gémissantes du poids des morts.

Puis des bannières de deuil et de vengeance demandant la mort pour la mort.

Puis venait la Loi, statue colossale avec un glaive à sa taille.

Elle était suivie des juges, des tribunaux en tête desquels marchait le tribunal révolutionnaire du 10 août, — celui-là qui s'excusait de ne faire tomber qu'une tête par jour.

Puis s'avançait la Commune, — la mère sanglante de ce tribunal sanglant, — conduisant dans ses rangs la statue de la Liberté, de la même taille que celle de la Loi.

Puis enfin, l'Assemblée portant ces couronnes civiques qui consolent peut-être les morts, mais qui sont si insuffisantes aux vivants.

Tout cela s'avançait majestueusement, au milieu des sombres chants de Chénier, de la musique sévère de Gossec, — marchant lentement comme la vengeance, mais marchant comme elle d'un pied sûr.

Une partie de la nuit du 27 au 28 août se passa dans l'accomplissement de cette cérémonie expiatoire, — fête funéraire de la foule, — pendant laquelle la foule montrant le poing à ces Tuileries vides, — menaçait ces prisons, forteresses de sûreté qu'on avait données aux rois et aux royalistes, en échange de leurs palais et de leurs châteaux.

Puis enfin, le dernier lampion éteint, la dernière torche réduite en fumée, le peuple se retira.

Les deux statues de la Loi et de la Liberté restèrent seules pour garder l'immense sarcophage.

Mais comme personne ne les gardait, soit imprudence, soit sacrilège, on dépouilla pendant la nuit les deux statues de leurs vêtements inférieurs.

Le lendemain les deux pauvres déesses étaient moins que des femmes.

Le peuple à cette vue poussa un cri de rage, il accusa les royalistes, courut à l'Assemblée, demanda vengeance, s'empara des statues, les rhabilla et les traîna en réparation sur la place Louis XV.

Plus tard l'échafaud les y suivit et leur

donna le 21 janvier une terrible satisfaction de l'outrage qui leur avait été fait le 28 août.

Le 28 août, l'Assemblée rendit la loi sur les visites domiciliaires.

Le bruit commençait à se répandre parmi le peuple de la jonction des armées prussiennes et autrichiennes et de la prise de Longwy par le général Clairfaict, — ainsi l'ennemi appelé par le roi, — les nobles et les prêtres marchaient sur Paris, et en supposant que rien ne l'arrêtat pouvait y être en six étapes.

Alors qu'arriverait-il de ce Paris, bouillonnant comme un cratère, et dont les secousses depuis trois ans ébranlaient le monde?

Ce qu'en avait dit cette lettre de Bouillé, — insolente plaisanterie dont on avait tant ri et qui allait devenir une réalité.

Il n'y resterait pas pierre sur pierre.

Il y avait plus; — on parlait comme d'une chose sûre, d'un jugement général terrible qui, après avoir détruit Paris, détruirait les Parisiens. De quelle façon et par qui ce jugement sera-t-il rendu? — Les écrits du temps vous le disent. — La main sanglante de la Commune est toute entière dans cette légende qui, au lieu d'écrire le passé, raconte l'avenir.

Pourquoi d'ailleurs ne croirait-on pas à cette légende. — Voici ce qu'on lisait dans une lettre trouvée aux Tuileries, le 10 août et que nous avons lue aux archives où elle est encore. « Les tribunaux arrivent derrière les armées ; les parlementaires émigrés instruisent, chemin faisant, dans le camp du roi de Prusse, le procès des jacobins et préparent leurs potences. Ainsi quand les armées prussienne et autrichienne arriveront à Paris, l'instruction sera faite, le jugement rendu, et il n'y aura plus qu'à le mettre à exécution. »

Puis, pour confirmer ce qu'a dit la lettre, voilà ce qu'on lit dans le bulletin officiel de la guerre,

« La cavalerie autrichienne a enlevé aux environs de Sarrelouis les maires patriotes et les républicains connus.

« Des hulans ayant pris des officiers municipaux, leur ont coupé les oreilles et les leur ont clouées sur le front. »

Si l'on commettait de pareils actes dans la province inoffensive, que ferait-on au Paris révolutionnaire ?

Ce qu'on lui ferait, ce n'était plus un secret.

Voici la nouvelle qui se répandait, se débitant à tout carrefour, s'éparpillant de chaque centre pour arriver aux extrémités.

On dressera un grand trône pour les rois alliés en vue du monceau de ruines qui aura été Paris.

Toute la population parisienne sera poussée, traînée, chassée captive aux pieds de ce trône.

Là, comme au jour du jugement dernier, il se fera un triage entre les bons et les mauvais.

Les bons, c'est-à-dire les royalistes, les nobles, les prêtres, passeront à droite et la France leur sera rendue pour en faire ce qu'ils voudront.

Les mauvais, c'est-à-dire les révolutionnaires, passeront à gauche et ils y trouveront la guillotine, cet instrument inventé par la révolution et par lequel la révolution périra.

La révolution, c'est-à-dire la France, — non-seulement la France, car ce ne serait rien, — les peuples sont faits pour servir d'holocaustes aux idées, mais la pensée de la France.

Pourquoi aussi la France a-t-elle prononcé, la première, le mot liberté? Elle a cru proclamer une chose sainte : la lumière des yeux, la vie des âmes. — Elle a dit : liberté pour la France; liberté pour l'Europe; liberté pour le monde. Elle a cru faire une grande chose en émancipant la terre, et voilà qu'elle s'est trompée, à ce qu'il paraît; voilà que

Dieu lui donne tort ; voilà que la Providence est contre elle ; voilà qu'en croyant être innocente et sublime, elle était coupable et infâme ; voilà qu'elle a cru commettre une grande action, elle a commis un crime ; voilà qu'on la juge, qu'on la condamne, qu'on la décapite, qu'on la traîne aux gémonies de l'univers, et que l'univers, pour le salut duquel elle meurt, applaudit à sa mort.

Il n'y avait pas d'exemple de cela dans l'histoire des peuples.

Un seul, celui de Jésus-Christ crucifié pour le salut du monde, et mourant au milieu des railleries et des insultes du monde.

Mais enfin pour le soutenir contre l'étranger, ce pauvre peuple a peut-être quelque appui en lui-même.

Ceux qu'il a adorés, ceux qu'il a enrichis, ceux qu'il a payés le défendront peut-être.

Non.

Son roi conspire avec l'ennemi, et, du Temple où il est enfermé, continue à correspondre avec les Prussiens et les Autrichiens.

Sa noblesse marche contre lui organisée sous ses princes.

Ses prêtres font révolter les paysans.

Des prisons où ils sont enfermés, les

prisonniers battent des mains aux défaites de la France.

Les Prussiens à Longwy ont fait pousser un cri de joie au Temple, à l'Abbaye, à la Force.

Aussi Danton, l'homme des résolutions extrêmes, est-il entré tout rugissant à l'Assemblée.

Le ministre de la justice croit la justice impuissante et vient demander qu'on lui donne la force.

Et la justice alors marchera appuyée sur la force.

Il monte à la tribune, il secoue sa crinière de lion, il étend la main puissante qui, le 10 août, a brisé les portes des Tuileries.

— Il faut une convulsion nationale pour faire rétrograder les despotes, dit-il, jusqu'ici nous n'avons qu'une guerre simulée, ce n'est pas de ce misérable jeu qu'il doit être maintenant question. Il faut que le peuple se porte, se roule en masse sur les ennemis pour les exterminer d'un seul coup. « *Il faut en même temps enchaîner tous les conspirateurs, il faut les empêcher de nuire.* »

Et Danton demande la levée en masse, les visites domiciliaires, les perquisitions nocturnes avec peine de mort contre quiconque entravera les opérations du gouvernement provisoire.

Et Danton obtint tout ce qu'il demandait.

Il eût demandé davantage qu'il eût obtenu davantage.

— Jamais, dit Michelet, jamais peuple n'était entré si avant dans la mort. Quand la Hollande, voyant Louis XIV à ses portes, n'eût de ressources que de s'inonder, de se noyer elle-même, elle fut en moindre danger : elle avait l'Europe pour elle. Quand Athènes vit le trône de Xercès sur le rocher de Salamine, perdit terre, se jeta à la nage, n'eut que de l'eau pour patrie, elle fut en moindre danger : elle était toute sur sa flotte puissante organisée dans la main du grand Thémistocle, et, plus heureuse que la France, elle n'avait pas la trahison dans son sein.

La France était désorganisée, dissoute, trahie, vendue et livrée.

La France était comme Iphygénie sous le couteau de Calchas.

Les rois en cercle n'attendaient que sa mort pour que soufflât dans leurs voiles le vent du despotisme.

Elle tendait les bras aux Dieux, les Dieux étaient sourds.

Mais enfin, quand elle sentit la froide main de la mort la toucher, par une violente et terrible contraction elle se replia sur elle-même, puis, volcan de vie, elle fit jaillir de ses propres entrailles cette flamme qui pendant un demi-siècle éclaira le monde,

Il est vrai que pour ternir ce soleil il y a une tache de sang.

La tache de sang du 2 septembre, nous allons y arriver, voir qui a répandu ce sang, et s'il doit être imputé à la France.

Mais auparavant empruntons, pour clore ce chapitre, deux pages à Michelet.

Nous nous sentons impuissants près de ce géant, et comme Danton, nous appelons la force à notre secours.

Voyez.

« Paris avait l'air d'une place forte, on se serait cru à Lille ou à Strasbourg, partout des consignes, des factionnaires, des précautions militaires prématurées, à vrai dire l'ennemi était encore à cinquante ou soixante lieues. Ce qui était plus sérieux, véritablement touchant, c'était le sentiment de solidarité profonde, admirable qui se révélait partout ; chacun s'adressait à tous, parlait, priait pour la patrie, chacun se faisait recruteur, allait de maison en maison, offrait à celui qui pouvait porter un uniforme, des armes, ce qu'il avait; tout le monde était orateur, prêchait, discourait, chantait des chants patriotiques. — Qui n'était auteur en ce moment singulier? qui n'imprimait? qui n'affichait? Qui n'était acteur dans ce grand spectacle? Les scènes les plus naïves où tous figuraient se jouaient; partout sur les places, sur les théâtres d'enrôlement, aux tribunes où l'on s'inscrivait tout autour, c'étaient des chants, des cris, des larmes d'enthousiasme ou d'adieu, et par-dessus toutes ces voix une grande voix tonnait dans les cœurs, voix muette, d'autant plus profonde. La voix même de la France, éloquente en tous ses symboles, pathétique dans le plus tragique de tout, le drapeau saint et terrible du danger de la patrie appendu aux fenêtres de l'Hôtel-de-Ville, drapeau immense qui flottait aux vents et semblait faire signe aux légions populaires de marcher en hâte, des Pyrénées à l'Escaut, de la Seine au Rhin.

« Pour savoir ce que c'était que ce moment de sacrifice, il faudrait dans chaque chaumière, dans chaque logis, voir l'arrachement des femmes, le déchirement des mères, à ce second accouchement plus cruel cent fois que celui où l'enfant fit son premier départ de ses entrailles sanglantes, il faudrait voir la vieille femme, les yeux secs, le cœur brisé, ramasser en hâte les quelques hardes que l'enfant emportera, les pauvres économies, les sous épargnés par le jeûne et qu'elle s'est volée à elle-même pour son fils pour ce jour des dernières douleurs.

« Donner leurs enfants à cette guerre

qui s'ouvrait avec si peu de chances, les immoler à cette situation extrême et désespérée, c'était plus que la plupart ne pouvaient faire ; elles succombaient à ces pensées ou bien par une réaction naturelle elles tombaient dans des actes de fureur, elles ne ménageaient rien, ne craignaient rien, aucune terreur n'a prise sur un tel état d'esprit ; quelle terreur, pour qui veut la mort?

« On nous a raconté qu'un jour, sans doute en août ou septembre, une bande de ces femmes furieuses, rencontrèrent Danton dans la rue, l'injurièrent comme elles auraient injurié la guerre elle-même, lui reprochant toute la révolution, tout le sang qui serait versé et la mort de leurs enfants, le maudissant, priant Dieu que tout retombât sur sa tête. Lui, il ne s'étonna pas et quoiqu'il sentit tout autour de lui les ongles, il se retourna brusquement regarda ces femmes, les prit en pitié. Danton avait beaucoup de cœur, il monta sur une borne, et pour les consoler, commença de les injurier dans leur langue, ses premières paroles furent violentes, burlesques, obscènes, les voilà toutes interdites. Sa fureur, vraie ou simulée, déconcerte leur fureur ; ce prodigieux orateur, instinctif et calculé, avait pour base populaire, un tempérament sensuel et fort, tout fait pour l'amour physique où dominait la chair et le sang. Danton était d'abord et avant tout, un mâle, il y avait en lui du lion et du dogue, beaucoup aussi du taureau, son masque effrayait ; la sublime laideur d'un visage bouleversé, prêtait à sa parole brusque, dardée par accès une sorte d'aiguillon sauvage. Les masses qui aiment la force sentaient devant lui, ce que fait éprouver de crainte et de sympathie pourtant, tout être puissamment générateur ; et puis sous ce masque violent, furieux, on sentait aussi un cœur, on finissait par se douter d'une chose, c'est que cet homme terrible, qui ne parlait que par menaces, cachait au fond un brave homme. Ces femmes ameutées autour de lui sentirent confusément tout cela et se laissèrent haranguer, dominer, maîtriser, il les mena où et comme il voulut. Il leur expliqua rudement à quoi sert la femme, à quoi sert l'amour, à quoi sert la génération ; que l'on n'enfante pas pour soi mais pour la patrie. Et arrivé là, il s'éleva tout-à-coup, ne parla plus pour personne, mais (il semblait) pour lui seul. Tout son cœur lui sortit, dit-on, de la poitrine avec des paroles d'une tendresse violente pour la France, et sur ce visage étrange, brouillé de petite vérole et qui ressemblait aux scories du Vésuve ou de l'Etna, commencèrent à venir de grosses gouttes et c'étaient des larmes. Ces femmes n'y purent tenir, elles pleurèrent la France, au lieu de pleurer leurs enfants, et, sanglottant s'enfuirent en se cachant le visage dans leur tablier. »

O grand historien qu'on appelle Michelet, où êtes-vous?

A Nervi.

O grand poëte qu'on appelle Hugo, où es-tu?

A Jersey.

IV

La veille du 2 septembre.

Quand *la Patrie est en danger*, avait dit Danton, le 28 août à l'Assemblée nationale, *tout appartient à la Patrie*.

Le 29, à quatre heures du soir, la générale battait.

On savait de quoi il était question, les

visites domiciliaires allaient avoir lieu.

Comme par un coup de baguette magique, à ce premier roulement du tambour, l'aspect de Paris changea.

De populeux qu'il était, il devint désert.

Les boutiques ouvertes se fermèrent, chaque rue fut cernée et occupée par des patrouilles de soixante hommes.

Les barrières furent gardées, la rivière fut gardée.

A une heure du matin, les visites commencèrent.

Les commissaires des sections frappaient à la porte de la rue au nom de la loi.

Et on leur ouvrait la porte de la rue.

Ils frappaient à chaque appartement, au nom de la loi, toujours.

Et on leur ouvrait chaque appartement.

On ouvrait de force les portes des appartements qui n'étaient pas occupés.

On saisit deux mille fusils, on arrêta trois mille personnes.

On avait besoin de terreur, on l'obtint.

Puis il naquit de cette mesure, une

chose à laquelle on n'avait pas songé.

A laquelle on avait trop songée peut-être.

Ces visites domiciliaires avaient ouvert aux pauvres la demeure des riches; les sectionnaires armés qui suivaient les magistrats, avaient pu jeter un regard étonné dans les profondeurs soyeuses et dorées des magnifiques hôtels qu'habitaient encore leurs propriétaires, ou dont les propriétaires étaient absents, de là, non pas le désir du pillage encore, mais un redoublement de haine.

On pilla si peu, que Beaumarchais, alors en prison, raconte que dans ses magnifiques jardins de la rue Saint-Antoine, une femme cueillit une rose et que l'on voulut jeter cette femme à l'eau.

Et remarquez que cela avait lieu au moment où la Commune venait de décréter *que les vendeurs d'argent seraient punis de la peine capitale.*

Ainsi voilà la Commune qui se substitue à l'Assemblée.

Elle décrétait la peine de mort.

Elle venait de donner à Chaumette le droit d'ouvrir les prisons et d'élargir les prisonniers.

Elle s'arrogeait le droit de grâce.

Elle venait, enfin, d'ordonner qu'à la porte de chaque prison, on afficherait la liste des prisonniers quelle renfermerait.

C'était un appel à la haine et à la vengeance.

Chacun gardait la porte où était enfermé son ennemi.

L'Assemblée vit vers quel abîme on la menait.

On allait, malgré elle, lui tremper les mains dans le sang.

Qui cela? la Commune son ennemie.

Il ne fallait qu'une occasion pour que

la lutte éclatât terrible entre les deux pouvoirs.

Cette occasion, un empiétement nouveau de la Commune la fit éclore.

Le 29 août, jour des visites domiciliaires, la Commune, pour un article de journal, manda à sa barre Girey Dupré, un des Girondins les plus hardis, parce qu'il était un des plus jeunes.

Girey Dupré se réfugia au ministère de la guerre, n'ayant pas le temps de se réfugier à l'Assemblée.

Huguenin, le président de la Commune, fit investir le ministère de la guerre, pour en arracher de force le journaliste girondin.

Or, la Gironde était toujours en majorité à l'Assemblée ; la Gironde insultée dans un de ses membres se souleva.

Elle manda à son tour le président Huguenin à sa barre.

Le président Hugenin ne répondit point à l'assignation de l'Assemblée.

Le 50, l'Assemblée rendit un décret qui cassait la municipalité de Paris.

Un fait qui prouvait l'horreur qu'à cette époque on avait encore pour le vol, avait fort contribué au décret que venait de rendre l'Assemblée. Un membre de la

Commune, ou un individu se disant membre de la Commune, s'était fait ouvrir le Garde-Meuble et y avait pris un petit canon d'argent, don fait par la ville à Louis XIV, enfant.

Cambon, qu'on avait nommé gardien de la fortune publique, avait appris l'existence de ce vol, et avait fait venir à la barre l'homme accusé ; l'homme ne nia point, ne s'excusa point, et se contenta de dire : que cet objet précieux, courant le risque d'être volé, il avait pensé qu'il serait mieux chez lui qu'ailleurs.

Cette tyrannie de la Commune pesait fort et semblait lourde à beaucoup. Louvet, l'homme des courageuses initiatives, était président de la section de la rue des Lombards, il fit déclarer par sa section que le conseil général de la Commune était coupable d'usurpation.

Se sentant soutenue, l'Assemblée décréta alors que ce président de la Commune, ce Huguenin, qui ne voulait pas venir de bonne volonté à la barre, y serait amené de force, et que dans les vingt-quatre heures, une nouvelle Commune serait nommée par les sections.

Le décret fut rendu le 30 août à cinq heures du soir.

Comptons les heures, car à partir du 30 août cinq heures du soir, nous marchons au massacre du 2 septembre et chaque heure va voir faire un pas à la sanglante déesse, aux bras tordus, aux cheveux épars, à l'œil effaré, qu'on appelle la Terreur.

Au reste, l'Assemblée, par une sorte de crainte pour sa redoutable ennemie, déclarait, tout en cassant la Commune, qu'elle avait bien mérité de la patrie, ce qui n'était pas précisément logique.

— *Ornandum, tollandum,* disait Cicéron à propos d'Octave.

La Commune fit comme Octave, elle se laissa couronner, mais ne se laissa point chasser.

Deux heures après le décret rendu, Tallien, petit scribe, se vantant tout haut d'être l'homme de Danton, Tallien, secrétaire de ta Commune, proposa à la section des Thermes de marcher contre la section des Lombards.

Ah! cette fois, c'était bien la guerre civile, non plus peuple contre roi, bourgeois contre aristocrates, chaumières contre châteaux, maisons contre palais, mais section contre section, pique contre pique, citoyen contre citoyen.

En même temps Marat et Robespierre, le dernier comme membre de la commune, le premier comme amateur, élevèrent la voix.

Marat demanda le massacre de l'Assemblée nationale ; ceci n'était rien, on était habitué à lui voir émettre de pareilles motions.

Mais Robespierre, le prudent, le cauteleux Robespierre, Robespierre le dénonciateur vague et filandreux, Robespierre demanda que l'on prît les armes, et que non-seulement on se défendît, mais même que l'on attaquât.

Il fallait que Robespierre sentît la Commune bien forte pour oser se prononcer ainsi.

Elle était bien forte, en effet, car la même nuit son secrétaire Tallien se rend à l'Assemblée avec trois mille hommes armés de piques.

— La Commune, dit-il, et la Commune seule, a fait remonter l'Assemblée au rang de représentants d'un peuple libre ; la Commune a fait rendre le décret contre les prêtres perturbateurs, et a arrêté ces hommes sur lesquels nul n'osait porter la main ; la Commune, ajoutait-il enfin, *aura purgé sous peu de jours le sol de la liberté de leur présence.*

Ainsi, c'est dans la nuit du 30 au 31 août, devant l'Assemblée même qui vient de la casser, que la Commune dit le premier mot du massacre.

Qui dit ce premier mot, qui lance,

presque en blanc encore, le rouge programme ?

On l'a vu, Tallien, l'homme qui fera le 9 thermidor.

L'Assemblée se souleva, il faut lui rendre cette justice.

Manuel, le procureur de la Commune, comprit qu'on allait trop loin ; il fit arrêter Tallien, et exigea que Huguenin vint faire réparation à l'Assemblée.

Et cependant Manuel, qui arrêtait Tallien, qui exigeait que Huguenin fît des excuses, Manuel savait bien ce qui allait se passer, car voilà ce qu'il fit, ce pauvre pédant, petit esprit, mais cœur honnête, il avait à l'abbaye un ennemi personnel.

Beaumarchais!

Beaumarchais, grand railleur, avait fort raillé Manuel; or, il passa par l'esprit de Manuel que si Beaumarchais était égorgé avec les autres, on pourrait attribuer ce meurtre à une basse vengeance de son amour-propre.

Il courut à l'abbaye, fit appeler Beaumarchais. Beaumarchais, en le voyant, voulut s'excuser, donner des explications à sa victime littéraire.

— Il ne s'agit point ici de littérature, de journalisme ou de critique, voici la porte ouverte, sauvez-vous aujourd'hui si vous ne voulez pas être égorgé demain.

L'auteur de *Figaro* ne se le fit pas répéter à deux fois.

Il se glissa par la porte entrebâillée et disparut.

Supposez qu'il ait sifflé Collot d'Herbois, comédien, au lieu d'avoir critiqué Manuel, auteur, et Beaumarchais était mort.

Le 31 août arriva, ce grand jour qui devait décider entre l'Assemblée et la Commune.

C'est-à-dire entre le modérantisme et la terreur.

La Commune voulait rester à tout prix.

L'Assemblée avait donné sa démission en faveur d'une assemblée nouvelle.

C'était naturellement la Commune qui devait l'emporter.

Puis, il faut le dire, le mouvement la favorisait.

Le peuple, sans savoir où il voulait aller, voulait aller quelque part.

Lancé en avant le 20 juin, lancé plus

loin le 10 août, il éprouvait un vague besoin de sang et de destruction.

Il faut dire que Marat d'un côté, et Hébert de l'autre, lui montaient effroyablement la tête.

Il n'y avait pas jusqu'à Robespierre qui voulant reconquérir sa popularité fort ébranlée, la France entière avait voulu la guerre, Robespierre avait conseillé la paix. — Il n'y avait pas jusqu'à Robespierre qui ne se fit nouvelliste et qui, par l'absurdité de ses nouvelles, ne dépassât les plus absurdes.

— Un parti puissant, avait-il dit, offrait le trône au duc de Brunswick.

Quels étaient à ce moment les trois partis puissants en lutte?

L'Assemblée, la Commune, les Jacobins.

Et encore, la Commune et les Jacobins pouvaient-ils, à la rigueur, ne faire qu'un.

Ce n'était ni la Commune ni les Jacobins, Robespierre était membre du club et de la municipalité.

Il ne se serait pas accusé lui-même.

Ce parti puissant, c'était donc la Gironde.

Nous avons dit que Robespierre dépassait en absurdité les plus absurdes nouvellistes.

Quoi de plus absurde, en effet, que d'accuser la Gironde, qui avait déclaré la guerre à la Prusse et à l'Autriche, d'offrir le trône au général ennemi?

Et quels étaient les hommes que l'on accusait de cela?

Les Vergniaud, les Roland, les Clavières, les Servan, les Gensonné, les Guadet, les Barbaroux, non-seulement d'excellents patriotes, mais encore les plus honnêtes gens de France.

Mais il y a des moments où un homme comme Robespierre dit tout.

Et ce qu'il y a de pire, c'est qu'il y a des moments où le peuple croit tout.

On en était donc au 31 août.

Le médecin, qui eût eu le doigt sur le pouls de la France, eût senti ce jour-là les pulsations de ce pouls s'augmenter à chaque heure.

Le 30, à quatre heures de l'après-midi, l'Assemblée avait cassé la Commune.

Le décret portait que, dans les vingt-quatre heures, les sections nommeraient un nouveau conseil général.

Donc le 31, à quatre heures de l'après-midi, le décret devait être exécuté.

Mais les vociférations de Marat, les menaces d'Hébert, les calomnies de Robespierre, faisaient peser l'Assemblée d'un tel poids sur Paris, que les sections n'osèrent point voter.

Elles prirent pour prétexte que le décret ne leur avait pas été officiellement notifié.

Le 31 août, vers midi, l'Assemblée eut avis que son décret de la veille ne s'exécutait et ne s'exécuterait point.

Il faudrait en appeler à la force, et qui sait si la force serait pour l'Assemblée?

La Commune, par son beau-frère Pa-

nis, avait Santerre; Panis était de plus
ce fanatique de Robespierre, qui avait
proposé à Rebecqui et à Barbaroux de
nommer un dictateur, et qui leur avait
fait entendre qu'il fallait que ce dictateur
fût l'*incorruptible*.

Santerre — c'étaient les faubourgs, —
les faubourgs, c'était l'irrésistible puissance de l'Océan.

Les faubourgs avaient bien brisé les
portes des Tuileries, ils briseraient bien
celles de l'Assemblée.

Puis l'Assemblée craignait, si elle s'armait contre la Commune, d'être abandonnée non-seulement par les extrêmes
patriotes, par ceux qui voulaient la ré-

volution à tout prix, mais encore, ce qui était bien pis, d'être soutenue, malgré elle, par les royalistes modérés.

Alors elle était complètement perdue.

Vers six heures, l'Assemblée eut avis qu'il se faisait un grand mouvement autour de l'Abbaye.

On venait d'acquitter un M. de Montmorin.

Le peuple crut que c'était le ministre qui avait signé les passeports avec lesquels Louis XVI avait essayé de fuir, il se porta en masse à la prison, menaçant de se faire justice lui-même, — si l'on ne punissait pas de mort M. de Montmorin.

On eut toutes les peines du monde à lui faire entendre raison, comprendre la vérité.

Toute la nuit il y eut dans les rues de Paris une effroyable fermentation.

On sentait que le lendemain le moindre événement qui viendrait en aide à cette fermentation prendrait des proportions colossales.

Cet événement, que nous avons essayé de raconter avec quelques détails, parce qu'il a trait à un des héros de notre histoire, que nous avons perdu de vue depuis longtemps, couvait dans les prisons du Châtelet.

V

Où l'on prend définitivement congé de M. de Beausire.

A la suite de la journée du 10 août, un tribunal spécial avait été institué pour connaître des vols qui avaient été commis aux Tuileries. Le peuple avait bien, comme le raconte Peltier, fusillé séance tenante deux ou trois cents voleurs, qui avaient été saisis en flagrant délit; mais, à côté de cela, il y en avait à peu près autant, comme on le comprend bien, qui, du moins momentanément, étaient parvenus à cacher leurs vols.

Au nombre de ces honnêtes industriels se trouvait notre vieille connaissance, M. de Beausire, ancien exempt de Sa Majesté.

Ceux qui connaissent les antécédents de l'amant de mademoiselle Oliva, du père du jeune Toussaint, ne seront point étonnés de le retrouver à la suite de cette grande journée, parmi ceux qui avaient à rendre compte, non pas à la nation, mais aux tribunaux de la part qu'ils y avaient prise.

M. de Beausire était en effet entré aux Tuileries après tout le monde. C'était un homme trop plein de sens pour avoir la bêtise d'entrer le premier ou un des premiers là où il y avait du danger à entrer avant les autres.

Ce n'étaient point les opinions patriotes de M. de Beausire qui le conduisaient dans le palais des rois, soit pour y pleurer sur la chute de la royauté tombée, soit pour y applaudir au triomphe du peuple. Non, M. de Beausire venait là en amateur, planant au-dessus de ces faiblesses humaines qu'on appelle des opinions, et n'ayant qu'un but, — c'était de voir si ceux qui venaient de perdre un trône, n'avaient pas perdu en même temps quelque bijou plus portatif et plus facile à sauver.

Mais, pour garder les apparences, M. Beausire s'était coiffé d'un bonnet rouge, s'était armé d'un énorme sabre, avait légèrement taché sa chemise et trempé ses mains au sang du premier mort qu'il avait rencontré, de sorte que ce loup suivant l'armée conquérante, que ce vautour planant après le combat sur le champ de bataille, pouvait, par un regard superficiel, être pris pour un vainqueur.

Ce fut pour un vainqueur en effet que

le prirent la plupart de ceux qui l'entendirent criant : Mort aux aristocrates! et qui le virent furetant sous les lits, ouvrant les armoires et jusqu'aux tiroirs des commodes, pour voir si quelque aristocrate n'y était point caché.

En même temps que lui, pour le malheur de M. de Beausire, se trouvait aux Tuileries un homme qui ne criait pas, qui ne regardait pas sous les lits, qui n'ouvrait pas les armoires, mais qui, entré au milieu du feu, quoi qu'il fût sans armes, avec les vainqueurs, quoi qu'il n'eût rien vaincu, se promenait les mains derrière le dos, comme il eût fait dans un jardin public, un soir de fête, froid et calme, avec son habit noir râpé et propre, se contentant d'élever de temps en temps la voix pour dire :

— N'oubliez pas, citoyens, qu'on ne tue pas les femmes et qu'on ne touche pas aux bijoux.

Quant à ceux qui se contentaient de tuer les hommes et de jeter les meubles par les fenêtres, il ne se croyait en droit de leur rien dire :

Il avait vu du premier coup d'œil que M. de Beausire n'était point un de ceux-là.

Aussi, vers les neuf heures et demie, Pitou qui, comme nous le savons déjà, avait obtenu, à titre de poste d'honneur, la garde du vestibule de l'horloge, — Pitou vit-il venir à lui, descendant l'escalier, une espèce de géant, colossal et lugubre, qui, s'adressant à lui avec politesse, mais avec fermeté, comme s'il eût reçu mission de mettre l'ordre dans le désordre et la justice dans la vengeance, lui dit :

— Capitaine, vous allez voir descendre un homme ayant un bonnet rouge sur la tête, tenant un sabre à la main et faisant de grands gestes, vous l'arrêterez et le ferez fouiller par vos hommes, il a volé un écrin de diamants.

— Oui, monsieur Maillard, répondit Pitou, en portant la main à son chapeau.

— Ah! ah! dit l'ancien huissier, vous me connaissez, mon ami.

— Je crois bien que je vous connais, dit Pitou ; vous ne vous rappelez pas, monsieur Maillard, nous avons pris la Bastille ensemble.

— C'est possible, dit Maillard.

— Puis nous avons encore été à Versailles au 5 et 6 octobre ensemble.

— J'y ai été en effet.

— Je crois bien, — à preuve que vous avez eu un duel à la porte des Tuileries, avec un gardien qui ne voulait pas vous laisser passer.

— Alors, dit Maillard, vous allez faire ce que je vais vous dire, n'est-ce pas?

— Ça et autre chose, monsieur Maillard, — tout ce que vous me direz. — Ah! vous êtes un patriote, vous.

— Je m'en vante, dit Maillard, et c'est pour cela que nous ne devons pas permettre qu'on déshonore le nom auquel nous avons droit. — Attention! voilà notre homme.

En effet, en ce moment M. de Beausire descendait l'escalier du vestibule, agitant son grand sabre et criant : — Vive la nation!

Pitou fit un signe à Tellier et à Maniquet, qui, sans affectation, se placèrent devant la porte, et il alla attendre M. de Beausire sur la dernière marche de l'escalier.

Celui-ci avait vu du coin de l'œil les dispositions prises, et sans doute ces dispositions l'inquiétèrent, car il s'arrêta, et, comme s'il eût oublié quelque chose, fit un mouvement pour remonter.

— Pardon ! citoyen, dit Pitou, c'est par ici qu'on passe.

— Ah ! c'est par ici que l'on passe.

— Et comme il y a ordre d'évacuer les Tuileries, passez, s'il vous plaît.

Beausire redressa la tête et continua de descendre l'escalier.

Arrivé à la dernière marche, il porta la main à son bonnet rouge, et affectant le ton militaire :

— Voyons, camarade, dit-il, passe-t-on ou ne passe-t-on pas?

— On passe, mais auparavant il faut, dit Pitou, se soumettre à une petite formalité.

— Hum! et à laquelle mon beau capitaine?

— Il faut se laisser fouiller, citoyen.

— Fouiller!

— Oui.

— Fouiller un patriote! un vainqueur, un homme qui vient d'exterminer les aristocrates.

— C'est la consigne, — ainsi camarade, puisque camarade il y a, dit Pitou, — remettez votre grand sabre au fourreau, il est inutile, puisque les aristocrates sont tués et laissez vous faire de bonne volonté ou sinon je serai obligé d'employer la force.

— La force, dit Beausire, — ah! tu parles comme cela, mon beau capitaine, parce que tu as là vingt hommes sous tes ordres, mais si nous étions en tête-à-tête...

— Si nous étions en tête-à-tête, citoyen, dit Pitou, voilà ce que je ferais, je te prendrais, tiens comme cela, le poignet avec la main droite, je t'arracherais ton sabre avec la main gauche et je le casserais sous mon pied, comme n'étant plus digne d'être touché par la main d'un honnête homme, ayant été touché par celle d'un voleur.

Et Pitou, mettant en pratique chaque théorie qu'il avançait, pliait le poignet du faux patriote avec sa main droite, lui arrachait le sabre avec sa main gauche, en brisait la lame sous son pied, et en jetait la poignée loin de lui.

— Un voleur! s'écria l'homme au

bonnet rouge, — un voleur, moi ! M. de
Beausire.

— Eh bien ! fouillez, — dit l'homme en
étendant les bras comme une victime,
fouillez.

On n'avait pas besoin de la permission de M. de Beausire pour procéder à la perquisition, mais au grand étonnement de Pitou et de Maillard surtout, on eut beau fouiller, retourner les poches, tâter jusqu'aux endroits les plus secrets, on ne trouva sur l'ancien exempt qu'un jeu de cartes, aux figures à peine visibles tant il était vieux, — mais au grand complet, plus une somme de onze sous.

Pitou regarda Maillard.

Celui-ci fit des épaules un mouvement qui signifiait :

— Que voulez-vous ?

— Recommencez, dit Pitou, dont une des principales qualités, on s'en souvient, était la patience.

On recommença, mais la seconde visite fut aussi infructueuse que la première, on ne retrouva que le même jeu de cartes et les mêmes onze sous.

M. de Beausire triomphait.

— Eh bien, — dit-il, — un sabre est-il toujours déshonoré pour avoir touché ma main.

— Non, Monsieur, dit Pitou, et la preuve c'est que si vous n'êtes pas satisfait des excuses que je vous fais, un de mes hommes vous prêtera le sien, et je vous donnerai toute autre satisfaction qu'il vous plaira.

Beausire se redressa.

— Merci, jeune homme, dit-il, vous avez agi en vertu d'une consigne, et un ancien militaire comme moi sait que la consigne est une chose sacrée. — Maintenant je vous préviens que madame de Beausire doit être inquiète de ma longue absence, et s'il m'est permis de me retirer...

— Allez, Monsieur, dit Pitou, vous êtes libre.

Beausire salua d'un air dégagé et sortit.

— Pitou chercha des yeux Maillard, Maillard n'était plus là.

— Avez-vous vu M. Maillard? demanda-t-il.

— Il me semble, dit un des Haramontois, que je l'ai vu remonter l'escalier.

— Il vous semble juste, dit Pitou, car le voilà qui redescend.

Maillard descendait en effet l'escalier et grâce à ses longues jambes, passant à chaque pas par dessus une marche il fut bientôt au bas.

— Eh bien, — demanda-t-il, — avez-vous trouvé quelque chose ?

— Non, répondit Pitou.

— Eh bien, j'ai été plus heureux que vous, moi, tenez, j'ai trouvé l'écrin.

— Alors, nous avions tort.

— Non, nous avions raison.

Et Maillard ouvrant l'écrin, montra la monture en or, veuve de toutes les pierres précieuses que cette monture enchâssait.

— Tiens, demanda Pitou, que veut dire ceci.

— Cela veut dire que le drôle s'est douté du coup, qu'il a fait sauter les diamants, et que jugeant la monture trop embarrassante, il l'a jetée avec l'écrin dans le cabinet où je viens de la retrouver.

— Tiens, fit Pitou, et les diamants ?

— Eh bien, il a trouvé moyen de nous les escamoter.

— Ah ! le brigand !

— Y a-t-il longtemps qu'il est parti ? demanda Maillard,

— Comme vous descendiez, il traversait la porte de la cour du milieu.

— Et de quel côté allait-il? demanda Maillard.

— Il me semble qu'il inclinait du côté des quais.

— Adieu, capitaine.

— Vous vous en allez, monsieur Maillard?

— Je veux en avoir le cœur net, dit l'ancien huissier.

Et ouvrant ses longues jambes comme un compas, il se mit à la poursuite de M. de Beausire.

Pitou resta tout préoccupé de ce qui venait de se passer, et il était encore sous le poids de cette préoccupation, lorsqu'il crut reconnaître la comtesse de Charny et que se passèrent les événements que nous avons racontés, en leur lieu et place, ne jugeant pas à propos de les compliquer d'un incident qui, à notre avis, devait retrouver son numéro d'ordre ailleurs.

VI.

La purgation.

Si rapide que fut la marche de Maillard, elle se trouva impuissante à rejoindre M. de Beausire qui avait pour lui trois circonstances favorables.

D'abord, dix minutes d'avance, ensuite l'obscurité, enfin les nombreux passants qui allaient et venaient le long des quais et au milieu desquels M. de Beausire avait disparu.

Mais une fois arrivé sur le quai des Tuileries, l'ex-huissier au Châtelet n'en continua pas moins son chemin, il demeurait comme nous avons dit au faubourg Saint-Antoine, et c'était son chemin ou à peu près, de suivre les quais jusqu'à la Grève.

Un grand concours de peuple se pressait sur le Pont-Neuf et le Pont-au-Change, on avait fait une exposition de cadavres sur la place du Palais-de-Justice, et chacun suivait dans l'espoir ou plutôt dans la crainte de retrouver un père, un parent, un ami.

Maillard suivit comme les autres.

Au coin de la rue de la Barillerie et de la place du Palais, Maillard avait un ami pharmacien, à cette époque on disait encore apothicaire.

Maillard entra chez son ami, s'assit et causa des affaires du temps, au milieu des chirurgiens qui allaient, venaient, réclamant du pharmacien des bandes, des onguents, de la charpie, enfin toutes les choses nécessaires au pansement des blessés.

Car parmi les morts, on reconnaissait de temps en temps à un cri, à un gémissement, à une respiration haletante, un malheureux respirant encore, et ce malheureux était à l'instant même tiré du milieu des cadavres, pansé et porté à l'Hôtel-Dieu.

Il y avait donc grand remue-ménage dans l'officine du digne apothicaire.

Mais Maillard n'était pas gênant, puis on recevait avec plaisir, dans des jours pareils, un patriote de la trempe de Maillard, qui flairait comme beaume dans la cité et les faubourgs; l'apothicaire fit donc grandes amitiés à l'huissier, qui s'assit dans un coin, rallia sous lui ses longues jembes, et se fit le plus petit possible.

Il était là, depuis un quart-d'heure à peu près, lorsqu'entra une femme de trente-sept à trente-huit ans, qui, sous la livrée de la plus abjecte misère, conservait un certain aspect d'ancienne opulence, une certaine allure qui trahissait son aristocratie, sinon native du moins étudiée.

Mais, ce qui frappa surtout Maillard, c'était l'étrange ressemblance de cette femme avec la reine.

Ce fut au point qu'il en eut poussé un cri d'étonnement s'il n'avait pas eu sur lui-même toute la puissance qu'il avait.

Elle tenait par la main un petit garçon de huit à neuf ans.

Elle s'approcha avec une certaine timidité, voilant du mieux qu'elle pouvait la misère de ses vêtements, que rendait plus visible encore, le soin que, dans sa détresse cette femme prenait de son visage et de ses mains.

Pendant quelque temps il lui fut impossible de se faire entendre tant était grande la foule, enfin s'adressant au maître de l'établissement :

— Monsieur, dit-elle, j'aurais besoin d'un purgatif pour mon mari qui est malade.

— Quel purgatif désirez-vous citoyenne ? demanda l'apothicaire.

— Celui que vous voudrez, monsieur,

pourvu qu'il ne coûte pas plus de onze sous.

Ce chiffre de onze sous frappa Maillard. — Onze sous, c'était justement la somme qui s'était trouvée, on se le rappelle, dans la poche de M. de Beausire.

— Et pourquoi ne doit-il pas coûter plus de onze sous? demanda l'apothicaire.

Parce que c'est tout l'argent que mon mari a pu me donner.

— Faites un mélange de Rhubarbe et de Jalap et donnez-le à la citoyenne, dit l'apothicaire à son premier garçon.

Le premier garçon s'occupa de la préparation, tandis que l'apothicaire répondait à d'autres demandes.

Mais Maillard, qui n'avait lui aucune distraction, avait concentré toute son attention sur la femme au purgatif et aux onze sous.

— Tenez, citoyenne, dit le premier garçon, voici votre médecine.

— Voyons, Toussaint, dit la femme avec un accent traînard qui semblait lui être habituel,— donne les onze sous, mon enfant.

— Les voilà, dit le petit bonhomme.

Et, posant sa poignée de billon sur le comptoir.

— Viens, maman Oliva, dit-il, viens vite, papa attend.

Et il essaya d'entraîner sa mère en lui disant :

— Mais viens donc, maman Oliva, viens donc.

— Pardon, madame, dit le garçon, mais il n'y a que neuf sous.

— Comment, il n'y a que neuf sous, dit la femme.

— Dam! fit le garçon, comptez vous-même.

La femme compta, il n'y avait en effet que neuf sous.

— Qu'as-tu fait des deux autres sous, méchant enfant? demanda-t-elle.

— Je n'en sais rien, répondit l'enfant, viens, maman Oliva.

— Tu dois le savoir, puisque tu as voulu porter l'argent et que je te l'ai donné.

— Je les aurai perdus, dit l'enfant; allons, viens donc.

— Vous avez là un charmant enfant, citoyenne, dit Maillard, et qui paraît plein d'intelligence, mais il faut prendre garde qu'il ne devienne un voleur.

— Un voleur, Monsieur? — demanda la femme que le petit bonhomme avait désigné sous le titre de maman Oliva, — et pourquoi cela, je vous prie?

— Parce qu'il n'a point perdu les deux sous, mais les a cachés dans son soulier.

— Moi, dit l'enfant, ce n'est pas vrai.

— Dans le soulier gauche, citoyenne, dans le soulier gauche, dit Maillard.

Maman Oliva, malgré les cris du jeune Toussaint, le déchaussa du pied gauche et trouva les deux sous dans le soulier.

Elle donna les deux sous au garçon apothicaire et entraîna l'enfant en le menaçant d'un châtiment, qui eût pu paraître terrible aux assistants, s'ils n'eussent point fait la part des adoucissements que devait nécessairement y apporter la tendresse maternelle.

L'événement, assez peu important en lui-même, aurait bien certainement passé inaperçu au milieu des circonstances graves dans lesquelles on se trouvait, si la ressemblance de cette femme avec la reine, n'avait singulièrement préoccupé Maillard.

Il résulta de cette préoccupation qu'il s'approcha de son ami l'apothicaire et que saisissant celui-ci dans un moment de répit qui lui était accordé.

— Avez-vous remarqué? lui dit-il.

— Quoi? demanda celui-ci.

— La ressemblance de la citoyenne qui sort d'ici.

— Avec la reine, dit l'apothicaire en riant.

— Oui, vous l'avez remarqué comme moi.

— Il y a longtemps.

— Comment, il y a longtemps.

— Sans doute, c'est une ressemblance historique.

— Je ne comprends pas.

— Vous ne vous rappelez point la fameuse histoire du collier.

— Comment voulez-vous qu'un huissier au Châtelet oublie une pareille histoire?

— Alors vous devez vous souvenir d'une certaine Nicole Leguay, dite la demoiselle Oliva.

— Oh! c'est pardieu vrai, qui avait joué près du cardinal de Rohan, le rôle de la reine, n'est-ce pas.

— Et qui vivait avec une espèce de drôle, cousu de mauvaises affaires, — un ancien exempt, un escroc, un mouchard, nommé de Beausire.

— Hein? fit Maillard comme si un serpent le piquait.

— Nommé Beausire, répliqua l'apothicaire.

— Et c'est ce Beausire qu'elle appelle son mari, demanda Maillard.

— Oui.

— C'est pour lui qu'elle vient chercher une médecine ?

— Le drôle aura pris une indigestion à force de boire et de manger.

— Une médecine purgative, continua Maillard, comme un homme sur la trace d'un important secret et qui ne veut pas se laisser détourner de son idée.

— Une médecine purgative, oui.

— Ah ! s'écria Maillard en se frappant le front, je tiens mon homme.

— Quel homme ?

— L'homme aux onze sous.

— Qu'est-ce que l'homme aux onze sous ?

— M. de Beausire, morbleu !

— Vous le tenez ?

— Oui, si je sais où il demeure, toutefois.

— Je le sais, moi, si vous ne le savez pas.

— Bon, où demeure-t-il.

— Rue de la Juiverie, n° 6.

— Ici tout près.

— A deux pas.

— Eh bien ! cela ne m'étonne plus.

— Quoi ?

— Que le jeune Toussaint ait volé deux sous à sa mère.

— Comment, cela ne vous étonne plus.

— Non, c'est le fils de M. de Beausire, n'est-ce pas ?

— C'est son portrait vivant.

— Bon chien chasse de race, voyons, cher ami, continua Maillard, la main sur la conscience, dans combien de temps opérera votre médecine ?

— Sérieusement ?

— Oui, sérieusement.

— Pas avant deux heures.

— C'est tout ce qu'il me faut, j'ai le ce temps.

— Vous portez donc intérêt à M. de Beausire ?

— Un si grand intérêt que, craignant qu'il soit mal soigné, je vais lui chercher...

— Quoi?

— Deux gardes-malades. — Adieu, cher ami.

— Et sortant de la boutique du pharmacien avec un rire silencieux, le seul qui eût jamais déridé ce lugubre visage, il prit sa course vers les Tuileries.

Pitou était absent, on se rappelle qu'il avait suivi à travers le jardin sur les pas d'Andrée, les traces du comte de Charny.

Mais en son absence il trouva Maniquet et Tellier qui gardaient la porte.

Tous deux le reconnurent.

— Ah! c'est vous, monsieur Maillard?

demanda Maniquet, l'avez-vous rejoint?

— Non, dit Maillard, mais je suis sur sa piste.

— Eh bien! c'est un bonheur, dit Tellier, attendu que, quoiqu'on n'ait rien trouvé sur lui, je parierais qu'il avait les diamants.

— Pariez, citoyen, dit Maillard, pariez et vous gagnerez.

— Bon, dit Maniquet, et on pourra les lui reprendre.

— Je l'espère du moins, si vous m'y aidez.

— En quoi, citoyen Maillard, nous sommes à vos ordres.

Maillard fit signe au lieutenant et au sous-lieutenant de s'approcher de lui.

— Choisissez-moi dans votre troupe deux hommes sûrs.

— Comme bravoure?

— Comme honnêteté.

— Oh! alors, prenez au hasard.

Puis se retournant vers la porte :

— Deux hommes de bonne volonté, dit Désiré.

Une douzaine d'hommes se leva.

— Allons, Boulanger, dit Maniquet, viens ici.

Un des hommes s'approcha.

— Et puis toi, Molicar.

Un second vint prendre son rang près du premier.

— En voulez-vous davantage, monsieur Maillard, demanda Tellier?

— Non, cela me suffit. — Venez, mes braves.

Les deux hommes suivirent Maillard.

Maillard les conduisit à la rue de la Juiverie et s'arrêta devant la porte du n° 6.

— C'est ici, dit-il, montons.

Les deux Haramontois, guidés par Maillard, s'engagèrent dans l'allée, puis dans l'escalier, puis enfin arrivèrent au quatrième étage.

Là, ils furent guidés par les cris de M. Toussaint, encore mal consolé de la correction, non pas maternelle, mais paternelle; M. de Beausire, vu la gravité du fait, ayant cru devoir intervenir et ajouter quelques taloches de sa main rude et sèche à celles que de sa main plus moëlleuse avait bien à contre cœur distribué à son cher fils, mademoiselle Oliva.

Maillard essaya d'ouvrir la porte.

Le verrou était poussé en dedans.

Il frappa.

— Qui va là ? — demanda la voix traînante de mademoiselle Oliva.

— DE PAR LA LOI, répondit Maillard.

Il se fit un petit bout de conversation à voix basse, dont le résultat fut que le jeune Toussaint se tut, croyant que c'était pour les deux sous qu'il avait essayé de voler à sa mère que la loi se dérangeait; tandis que Beausire, mettant le heurt sur le compte des visites domiciliaires, tout mal rassuré qu'il était, essayait de rassurer Oliva.

Enfin, madame de Beausire se décida et, au moment où Maillard allait frapper pour la seconde fois, la porte s'ouvrit.

Les trois hommes entrèrent à la grande

terreur de mademoiselle Oliva et de
M. Toussaint, qui essaya de se cacher
derrière une vieille chaise de paille.

M. de Beausire était couché, et sur sa
table de nuit, éclairée par une mauvaise
chandelle, fumante dans un chandelier
de fer, Maillard, à sa grande satisfaction,
vit la bouteille vide.

La médecine était avalée, il ne restait
plus qu'à en attendre l'effet.

Pendant le trajet, Maillard avait expliqué la situation à Boulanger et à Molicar,
de sorte qu'arrivés dans la chambre de
M. de Beausire, ils n'avaient plus qu'à
attendre.

Aussi, après les avoir installés de chaque côté du lit du malade :

— Citoyens, — se contenta-t-il de leur dire, — M. de Beausire est exactement comme cette princesse des Mille et une Nuits qui ne parlait que lorsqu'elle y était forcée, mais qui, chaque fois qu'elle ouvrait la bouche, en laissait tomber un diamant. Ne laissez donc pas tomber une parole de M. de Beausire sans avoir raison de ce qu'elle contient. Je vais vous attendre à la municipalité, quand il n'aura plus rien à dire, vous le conduirez au Châtelet, où vous le recommanderez de la part du citoyen Maillard, et vous viendrez me rejoindre à l'Hôtel-de-Ville avec ce qu'il aura dit.

Les deux gardes nationaux s'inclinèrent en signe d'obéissance passive et se placèrent au port d'arme au chevet de M. de Beausire.

L'apothicaire ne s'était point trompé, au bout de deux heures la médecine opéra.

L'effet dura une heure à peu près et fut on ne peut plus satisfaisant.

Vers trois heures du matin, Maillard vit venir à lui ses deux hommes.

Ils apportaient pour une centaine de mille francs de diamants de la plus belle eau, dans un extrait de l'écrou de M. de Beausire.

Maillard déposa, en son nom et au

nom des deux Haramontais, les diamants sur le bureau du procureur de la commune, lequel leur délivra un certificat constatant que les citoyens Maillard, Molicar et Boulanger, avaient bien mérité de la patrie.

VII

Le premier Septembre.

Or, voilà ce qui était arrivé à la suite de l'événement tragi-comique que nous venons de raconter.

M. de Beausire, conduit au châtelet, avait été déféré à un jury chargé de connaître spécialement des délits, de vols commis le 10 août et jours suivants.

Il n'y avait pas moyen de nier, le prévenu ayant été pris sur le fait.

Aussi le prévenu s'était-il borné à faire humblement l'aveu de sa faute et à réclamer la clémence du tribunal.

Le tribunal avait ordonné de rechercher les antécédents de M. de Beausire. Enquête faite et peu édifié des renseignements, il avait condamné l'ancien exempt à cinq ans de galères et à l'exposition.

M. de Beausire avait eu beau alléguer qu'il n'avait été entraîné à ce vol que par des sentiments honorables, c'est-à-dire par l'espoir d'assurer un aveni tranquille à sa femme et à son fils, et par le désir de redevenir lui-même un honnête homme, rien n'avait pu faire revenir le jury sur sa sentence ; et, comme en sa qualité de tribunal spécial, celui-ci était sans appel, le surlendemain du jugement la sentence devait recevoir son exécution.

Or, le malheur voulut que la veille de cette exécution, c'est-à-dire la veille du jour où M. de Beausire devait être exposé, on introduisit dans la prison un de ses anciens camarades de tripot : la reconnaissance se fit, les confidences s'en suivirent.

Le nouvel emprisonné l'était à propos, disait-il, d'un complot parfaitement organisé, et qui devait éclater sur la place de Grève ou sur celle du Palais.

Les conjurés devaient se réunir en nombre considérable, sous prétexte de voir la première exposition qui aurait lieu—on exposait indifféremment, à cette époque, en Grève ou sur la place du Palais — et, au cri de : Vive le roi ! vive les Prussiens ! mort à la nation ! ils devaient s'emparer de l'Hôtel-de-Ville, appeler à leur secours la garde nationale, dont les deux tiers étaient royalistes ou tout au moins constitutionnels, maintenir l'abolition de la Commune, cassée le 50 août par la Chambre, et accomplir la contre-révolution royaliste.

Par malheur, c'était cet ami de M. de Beausire, nouvellement arrêté, qui devait donner le signal ; or, comme les autres conjurés ignoraient son arrestation, ils se rendraient sur la place le jour de l'exposition du condamné ; et comme personne ne serait plus là pour crier : Vive le roi ! vive les Prussiens ! mort à la nation ! le mouvement n'aurait pas lieu.

C'était d'autant plus regrettable, ajoutait l'ami, que jamais mouvement n'avait été mieux organisé et n'avait été considéré comme devant obtenir un résultat plus certain.

L'arrestation de l'ami de M. de Beausire avait eu outre ceci de déplorable, que, bien certainement, au milieu du tumulte, le condamné ne pouvait manquer d'être délivré, de fuir, et d'échapper ainsi à cette double condamnation de la marque et des galères.

M. de Beausire, quoique n'ayant pas d'opinions bien arrêtées, avait toujours au fond penché pour la royauté ; il commença donc par regretter amèrement pour le roi, et ensuite et subsidiairement pour lui, que le mouvement ne peut pas avoir lieu.

Tout-à-coup il se frappa le front.

Il venait d'être illuminé d'une idée subite.

— Mais, dit-il à son camarade, cette première exposition, ce devrait être la mienne.

— Sans doute ; ce qui, je te le répète, était un grand bonheur pour toi.

— Et tu dis que ton arrestation est inconnue ?

— Complétement.

— Alors les conjurés continueront de se réunir comme si tu n'étais pas arrêté.

— Sans doute.

— De sorte que si quelqu'un donnait le signal convenu, la conspiration éclaterait.

— Oui, mais qui veux-tu qui le donne, puisque je suis arrêté, au secret et sans communication avec le dehors ?

— Moi, dit Beausire, du ton de Médée dans la tragédie de Corneille.

— Toi?

— Sans doute, moi. — J'y serai, moi, n'est-ce pas, puisque c'est moi qu'on expose? Eh bien! c'est moi qui crierai : Vive le roi! vive les Prussiens ! mort à la nation! Ce n'est pas bien difficile, il me semble.

Le camarade de Beausire resta comme émerveillé.

— J'avais toujours dit, s'écria-t-il, que tu étais un homme de génie.

Beausire s'inclina.

— Et si tu fais cela, continua le

prisonnier royaliste, non-seulement tu seras délivré, non-seulement tu seras gracié, mais encore, comme je proclamerai que c'est à toi que l'on doit la réussite de la conjuration, tu peux d'avance te vanter de recevoir une belle récompense.

— Ce n'est point pour cela que j'agis, répondit Beausire, de l'air le plus désintéressé du monde.

— Pardieu! dit l'ami; mais, n'importe, la récompense venant, je te conseille de ne pas la refuser.

— Si tu me le conseilles, dit Beausire...

— Je fais plus, je t'y invite, et, au besoin, je te l'ordonne, insista majestueusement l'ami.

— Soit, dit Beausire.

— Eh bien! dit le conspirateur, demain nous déjeunerons ensemble; le directeur de la prison ne refusera point cette dernière faveur à deux amis, et nous boirons une bonne bouteille de vin à la réussite de la conjuration.

Beausire conservait encore quelques doutes sur la complaisance du directeur de la prison à l'endroit du déjeuner du lendemain; mais, qu'il déjeunât ou non avec son ami, il était bien décidé à tenir la promesse qu'il lui avait faite.

A sa grande satisfaction l'autorisation fut donnée.

Les deux amis déjeunèrent ensemble. Ce ne fut point une bouteille qu'ils burent, mais deux, mais trois, mais quatre.

A la quatrième, M. de Beausire était royaliste furieux. Par bonheur on vint le chercher pour le conduire à la place de Grève, avant que la cinquième bouteille fût entamée.

Il monta dans la charrette comme dans un char de triomphe, regardant dédaigneusement cette foule, à laquelle il ménageait une si terrible surprise.

Sur la borne du Pont-Notre-Dame,

une femme et un petit garçon attendaient son passage.

M. de Beausire reconnut la pauvre Oliva toute en larmes et le jeune Toussaint, qui, voyant son père entre les mains des gendarmes, s'écria :

— C'est bien fait, pourquoi m'a-t-il battu ?

Beausire leur envoya un sourire de protection, et il y eût ajouté un geste, qui bien certainement eût été plein de majesté, s'il n'eût eu les mains liées derrière le dos.

La place de l'Hôtel-de-Ville était encombrée.

On savait que le condamné expiait un vol fait aux Tuileries, on connaissait, par les débats, les circonstances qui avaient accompagné et suivi le vol, et l'on était sans pitié pour le condamné.

Aussi, quand la charrette s'arrêta au pied du pilori, la garde eut-elle toutes les peines du monde à maintenir le peuple.

Beausire regardait tout ce mouvement, tout ce tumulte, toute cette foule d'un air qui voulait dire :

— Vous allez voir, ce sera bien autre chose tout à l'heure.

Quand il parut sur le pilori, ce fut un hurrah universel; mais quand cependant approcha le moment de l'exécution, quand le bourreau eut déboutonné la manche du condamné, mis l'épaule à nu, et qu'il se baissa pour prendre le fer rouge dans le fourneau, il arriva ce qui arrive toujours, c'est que devant la suprême majesté de la justice tout le monde se tut.

Beausire profita du moment, et, réunissant toutes ses forces, d'une voix pleine, sonore, retentissante, il cria :

— Vive le roi! vive les Prussiens! à mort la nation!

A quelque tumulte que se fût attendu M. de Beausire, l'événement dépassa de beaucoup ses espérances, ce ne fut point un cri, ce fut un hurlement.

Toute cette foule poussa un rugissement immense et se rua sur le pilori.

Cette fois la garde fut impuissante à protéger M. de Beausire, les rangs furent rompus, l'échafaud envahi, le bourreau jeté au bas de l'estrade, le condamné arraché, on ne sait comment, du poteau et précipité dans cette dévorante fourmilière qu'on appelle la multitude.

Il allait être tué, broyé, mis en pièce, quand par bonheur un homme se précipita, ceint de son écharpe, du haut du perron de l'Hôtel-de-Ville, où il assistait à l'exécution.

Cet homme, c'était le procureur de la Commune, Manuel.

Il y avait dans cet homme un grand sentiment d'humanité, qu'il fut parfois contraint de renfermer en lui, mais qui s'en échappait dans les circonstances pareilles à celle-ci.

Il parvint à grand'peine jusqu'à M. de Beausire, étendit la main sur lui, et d'une voix forte :

— Au nom de la loi, dit-il, je réclame cet homme.

Le peuple hésitait à obéir; Manuel détacha son écharpe, la fit flotter au-dessus de la foule en criant :

— A moi, tous les bons citoyens (1) !

Une vingtaine d'hommes accoururent et se pressèrent autour de lui.

On tira Beausire des mains de la foule, il était à moitié mort.

---

(1) Nous n'avons pas le moins du monde l'intention de glorifier Manuel, un des hommes les plus attaqués de la révolution, nous avons l'intention seulement de dire la vérité.

Voici comment Michelet raconte le fait :

« Le 1ᵉʳ septembre une scène effroyable eut lieu à la place de Grève; un voleur qu'on exposait, et qui sans doute était ivre, s'avisa de crier : Vive le roi! vivent les Prussiens! mort à la nation! Il fut arraché à l'instant du pilori, il allait être mis en pièces, le procureur de la Commune, Manuel, se précipita, le reprit des mains du peuple. le sauva dans l'Hôtel-de-Ville ; mais il était lui-même dans un extrême péril, il lui fallut promettre qu'un jury populaire jugerait le coupable ; ce jury prononça la mort ; l'autorité tint cette sentence pour bonne et valable ; elle fut exécutée, l'homme périt le lendemain. »

Manuel le fit transporter à l'Hôtel-de-Ville, mais bientôt l'Hôtel-de-Ville fut menacé sérieusement, tant l'exaspération était grande.

Manuel parut au balcon.

— Cet homme est coupable, dit-il, mais d'un crime pour lequel il n'y a pas de jugement. Nommez parmi vous un jury, ce jury s'assemblera dans une des salles de l'Hôtel-de-Ville et statuera sur son sort.

La sentence, quelle qu'elle soit, sera exécutée, mais qu'il y ait une sentence.

N'est-il pas curieux que ce soit la veille du massacre des prisons qu'un des hommes que l'on accuse de ce massacre tienne, au péril de sa vie, un pareil langage?

Il y a de ces anomalies en politique, les explique qui pourra.

Cet engagement apaisa la foule; un quart d'heure après, on annonça à Manuel le jury populaire.

Ce jury se composait de vingt et un membres.

Ces vingt et un membres parurent sur le balcon.

— Ces hommes sont-ils bien vos délégués? demanda Manuel à la foule.

La foule, pour toute réponse, battit des mains.

— C'est bien, dit Manuel, puisque voilà des juges, justice sera faite.

Et, comme il l'avait promis, il installa le jury dans une des salles de l'Hôtel-de-Ville.

M. de Beausire, plus mort que vif, parut devant ce tribunal improvisé.

Il essaya de se défendre, mais le second crime était aussi patent que le premier ; seulement, aux yeux du peuple, il était bien autrement grave.

Crier *Vive le roi!* quand le roi, reconnu pour traître, était prisonnier au Temple ;

Crier *Vivent les Prussiens!* quand les

Prussiens venaient de prendre Longwy et n'étaient plus qu'à soixante lieues de la capitale ;

Crier *Mort à la nation!* quand la nation râlait sur son lit de mort, — c'était là un crime effroyable et qui méritait une suprême punition.

Aussi le jury décida-t-il que le coupable, non-seulement serait puni de mort, mais que, pour attacher à cette mort la honte que la loi s'était efforcée de lui enlever en substituant la guillotine à la potence, M. de Beausire, par dérogation à la loi, serait pendu.

Et pendu sur la place même où avait été commis le crime.

En conséquence, sur cet échafaud où s'élevait le pilori, le bourreau reçut l'ordre de dresser la potence.

La vue de ce travail et la certitude que le prisonnier, étant gardé à vue, ne pouvait s'échapper, acheva de calmer la foule.

Voilà donc l'événement qui, comme nous le disions à la fin d'un des chapitres précédents, préoccupait l'Assemblée.

Le lendemain était un dimanche, circonstance aggravante, l'Assemblée comprit que tout marchait au massacre ; la Commune voulait se maintenir à tout prix ; le massacre, c'est-à-dire la terreur, était un des moyens les plus sûrs.

L'Assemblée recula devant la décision prise la surveille.

Elle rapporta son décret.

Alors un des membres de l'Assemblée se leva.

— Ce n'est point assez de rapporter votre décret, dit-il ; il y a deux jours vous avez dit, en le rendant, que la Commune *avait bien mérité de la patrie ;* l'éloge est un peu vague, car un jour vous pourriez dire que la Commune a bien mérité de la patrie, mais que cependant tel ou tel des membres de la Commune n'est point compris dans l'éloge ; alors on poursuivrait tel ou tel membre ; il faut donc dire : non pas la Commune, mais *les représentants de la Commune.*

L'Assemblée vota que *les représentants de la Commune* avaient bien mérité de la patrie.

En même temps que l'Assemblée émettait ce vote, Robespierre faisait à la Commune un long discours dans lequel il disait que l'Assemblée ayant, par d'infâmes manœuvres, fait perdre au conseil général la confiance publique, le conseil général devait se retirer et employer le seul moyen qui restât de sauver le peuple, c'est-à-dire *remettre le pouvoir au peuple.*

Comme toujours, Robespierre était douteux et vague, mais terrible.

Remettre le pouvoir au peuple!

Que signifiait cette phrase?

Était-ce accepter le décret de l'Assemblée et accepter la réélection?

Ce n'est pas probable.

Était-ce déposer le pouvoir légal, en le déposant déclarer par cette déposition même que la Commune, après avoir fait le 10 août, se regardait comme impuissante devant la continuation de la grande œuvre révolutionnaire et chargeait le peuple de l'achever?

Or le peuple sans frein, chargé, le

cœur plein de vengeance, de continuer l'œuvre du 10 août, c'était le massacre des hommes qui avaient combattu contre lui au 10 août, et qui, depuis le 10 août, étaient renfermés dans les diverses prisons de Paris.

Voilà où l'on en était à Paris le 1ᵉʳ septembre au soir : c'est-à-dire, où l'on en est quand un orage pèse dans l'atmosphère et que l'on sent les éclairs et la foudre suspendus au-dessus de toutes les têtes.

VIII

Pendant la nuit du 1er au 2 Septembre.

Aussi le 1er septembre, à neuf heures du soir, l'*officieux* de Gilbert, — le nom de domestique avait été aboli comme anti-républicain, — l'officieux de Gilbert entra-t-il dans la chambre du docteur en disant :

— Citoyen Gilbert le fiacre attend à la porte.

Gilbert prit un chapeau à larges bords, boutonna sa redingotte jusqu'au col et s'apprêta à sortir.

Mais sur le seuil de l'appartement se tenait un homme enveloppé d'un manteau et le front ombragé d'un chapeau à larges bords.

Gilbert recula d'un pas : dans l'obscurité, et dans un pareil moment tout est ennemi.

Mais une voix bienveillante prononça ces mots :

— C'est moi, — Gilbert.

— Cagliostro, s'écria le docteur.

— Bon ! voilà que vous oubliez que je ne m'appelle plus Cagliostro mais le baron Zannone ; il est vrai que pour vous, cher Gilbert, je ne change ni de nom ni de cœur et suis toujours, — je l'espère du moins, — Joseph Balzamo.

— Oh oui, s'écria Gilbert, et la preuve, c'est que j'allais chez vous.

— Je m'en doutais, dit Cagliostro, et voilà pourquoi je viens ici, car vous devez bien vous penser que dans des jours pareils je ne fais point ce que vient de faire M. de Robespierre, je ne pars pas pour la campagne.

— Aussi craignai-je de ne pas vous

rencontrer et suis-je bien heureux de vous voir, — entrez donc, je vous prie, entrez.

— Eh bien! me voilà, dites, que désirez-vous, demanda Cagliostro suivant Gilbert jusque dans la chambre la plus retirée de l'appartement du docteur.

— Asseyez-vous, maître.

Cagliostro s'assit.

— Vous savez ce qui se passe? demanda Gilbert.

— Vous voulez dire ce qui va se passer, répondit Cagliostro, car pour le moment il ne se passe rien.

— Non, vous avez raison, mais

quelque chose de terrible se prépare, n'est-ce pas?

— De terrible, vous l'avez dit, mais que voulez-vous! parfois le terrible devient nécessaire.

— Maître, dit Gilbert, quand vous prononcez de pareilles paroles avec votre incroyable sang-froid, vous me faites frémir.

— Que voulez-vous, Gilbert, je ne suis qu'un écho, je vous l'ai dit déjà, — l'écho de la fatalité.

Gilbert baissa la tête.

— Vous rappelez-vous, Gilbert, ce que je vous ai dit le jour où je vous vis à

Bellevue, — le 6 octobre, quand je vous prédis la mort du marquis de Favras.

Gilbert tressaillit.

Lui si fort en face des hommes et même des événements, il se sentait en face de ce personnage mystérieux faible comme un enfant.

— Je vous ai dit, continua Cagliostro, que si le roi avait dans son pauvre cerveau un grain de cet esprit de conservation qu'il n'avait pas, il fuirait.

— Eh bien ! dit Gilbert, il a fui.

— Ah ! oui, — mais moi j'avais dit pendant qu'il serait temps encore et quand il a fui, dam ! vous le savez, il n'était plus temps. Vous savez encore que j'avais ajouté que si le roi résistait, que si la reine résistait, que si les nobles résistaient nous ferions une révolution.

— Oui, vous aviez raison cette fois encore, — la révolution est faite, dit Gilbert avec un soupir.

— Pas complètement, reprit Cagliostro, — mais elle se fait comme vous voyez, mon cher Gilbert, vous rappelez-vous encore que je vous parlais d'un instrument qu'inventait un de mes amis le docteur Guillotin ? — avez-vous passé sur la place du Carrousel ? là en face des Tuileries, eh bien ! cet instrument, le même que j'avais fait voir à la reine au château de Tavernay, — dans une carafe, — vous vous rappelez, — vous étiez là, — petit garçon, pas plus haut que cela et déjà l'amant de mademoiselle Nicole, tenez dont le mari, ce cher M. de Beausire, vient d'être condamné à être pendu et ne l'a pas volé, eh bien! cet instrument,—le voilà en place et en train de fonctionner.

— Oui, dit Gilbert, et même pas assez vite, à ce qu'il paraît, puisqu'on veut lui adjoindre les sabres, les piques et les poignards.

— Écoutez, dit Cagliostro, il faut convenir d'une chose, c'est que nous avons affaire à de cruels entêtés : on donne aux aristocrates, à la cour, au roi, à la reine toutes sortes d'avertissements et cela ne sert à rien, — on prend la Bastille, cela ne sert à rien, — on fait le 20 juin, cela ne sert à rien, — on fait le 10 août, cela ne sert à rien, — on met le roi au Temple, on met les aristocrates à l'Abbaye, à la Force, aux Carmes, à Bicêtre, cela ne sert à rien ; le roi au Temple se réjouit de la prise de Longwy par les Prussiens ; les aristocrates à l'Abbaye crient vive le roi ! vivent les Prussiens ! ils boivent du vin de Champagne au nez du pauvre peuple qui boit de l'eau; — ils mangent des pâtés de truffes à la barbe du pauvre peuple qui n'a pas de pain.

Il n'y a pas jusqu'au roi Guillaume de Prusse à qui l'on écrit : prenez garde si vous dépassez Longwy, un pas de plus vers le cœur de la France sera l'arrêt de mort du roi, et qui répond : quelqu'affreuse que soit la situation de la famille royale, — les armées ne doivent point rétrograder, je désire de toute mon âme arriver à temps pour sauver le roi de France, mais avant tout mon devoir est de sauver l'Europe.

Et il marche sur Verdun.

Il faut en finir.

— Mais en finir avec quoi, s'écria Gilbert.

— Mais avec le roi, la reine, les aristocrates.

— Vous assassineriez le roi, vous assassineriez la reine.

— Oh non ! pas eux, ce serait une grande faute. — Il faut les juger eux, les condamner, les exécuter publiquement comme on a fait de Charles Ier, mais de tout le reste il faut s'en débarrasser et le plus tôt sera le mieux.

— Et qui a décidé cela, voyons, s'écria Gilbert : est-ce l'intelligence, est-ce l'honnêteté, est-ce la conscience de ce peuple dont vous parlez ? Quand vous aviez Mirabeau comme génie, Lafayette comme loyauté, Vergniaud comme justice, si vous étiez venu me dire, au nom de ces trois hommes, il faut tuer, j'eusse frissonné comme je frissonne aujourd'hui, mais j'eusse douté. — Voyons, aujourd'hui, au nom de qui venez-vous me dire cela? Au nom d'un Hébert, marchand de contremarques, d'un Collot-d'Herbois, histrion sifflé, d'un Marat, esprit malade que son médecin est obligé de saigner toutes les fois qu'il demande cinquante mille, cent mille, deux cent mille têtes. Laissez-moi, cher maître, recuser ces hommes médiocres à qui il faut des crises rapides et pathétiques, des changements à vue. Ces mauvais dramaturges, ces rhéteurs impuissants qui se plaisent aux destructions rapides, qui se croient d'habiles magiciens lorsque, simples mortels, ils ont défait l'œuvre de Dieu ; qui trouvent beau, grand, sublime de remonter à l'envers le grand fleuve de vie qui alimente le monde, en exterminant d'un mot, d'un signe, d'un clin-d'œil, en faisant disparaître d'un souffle l'obstacle vivant que la nature avait mis vingt, trente, quarante, cinquante ans à leur créer. Ces hommes, cher maître, ce sont des misérables, et vous, vous n'êtes pas de ces hommes.

— Mon cher Gilbert, dit Cagliostro, vous vous trompez encore, vous appelez ces hommes *des hommes*, vous leur faites trop d'honneur, ils ne sont que des instruments.

— Des instruments de destruction.

— Oui, mais au bénéfice d'une idée.

Cette idée, Gilbert, c'est l'affranchissement des peuples, c'est la liberté universelle, c'est la république, — non pas française, Dieu me garde d'une idée aussi égoïste,—mais la fraternité du monde. Non, ces hommes n'ont pas le génie, non, ils n'ont pas la loyauté, non, ils n'ont pas la conscience, mais ils ont, ce qui est bien plus inexorable, bien plus irrésistible que tout cela, ils ont l'instinct.

— L'instinct d'Attila.

— Justement, vous l'avez dit, d'Attila qui s'intitulait le *Marteau de Dieu*, et qui venait avec le sang barbare, des Huns, des Allains, des Suèves, retremper la civilisation romaine corrompue par quatre cents ans de règne des Néron, des Vespasien et des Héliogabale.

— Mais enfin, s'écria Gilbert, résumons-nous au lieu de généraliser, où vous conduira le massacre?

— Oh! à une chose bien simple, à compromettre l'Assemblée, la Commune, le peuple, Paris tout entier. Il faut tacher Paris de sang, vous le comprenez bien, pour que Paris, ce cerveau de la France, cette pensée de l'Europe, cette âme du monde, pour que Paris sentant qu'il n'y a plus pour lui de pardon possible, se lève tout entier comme un seul homme, pousse devant lui la France, et jette l'ennemi hors du sol sacré de la patrie.

— Mais vous n'êtes pas Français, vous, s'écria Gilbert, que vous importe ?

Cagliostro sourit.

— Se peut-il que vous, Gilbert, vous une intelligence supérieure, vous, puissante organisation, vous disiez à un homme — ne te mêle pas des affaires de la France, car tu n'es pas Français. Est-ce que les affaires de la France, Gilbert, ne sont pas les affaires du monde? Est-ce que la France travaille pour elle pauvre égoïste? Est-ce que Jésus mourait pour les Juifs seuls? De quel droit serais-tu venu dire à un apôtre : tu n'es pas Nazaréen? Écoute, écoute, Gilbert, j'ai discuté toutes ces choses avec un génie bien autrement fort que le mien, que le tien, avec un homme ou un démon qu'on appelle Althotas, un jour qu'il me faisait le calcul du sang qu'il y aurait à verser avant que le soleil se levât sur la liberté du monde. Eh bien! les raisonnements de cet homme n'ont point ébranlé ma conviction. J'ai marché, je marche, je marcherai, renversant tout ce que je trouverai devant moi et criant d'une voix calme, avec un regard serein :

— Malheur à l'obstacle, je suis l'avenir !

Maintenant tu avais à me demander la grâce de quelqu'un, n'est-ce pas ? Cette grâce, je te l'accorde d'avance; dis-moi le nom de celui ou de celle que tu veux sauver.

— Je veux sauver une femme que ni vous ni moi, maître, ne pouvons laisser mourir.

— Tu veux sauver la comtesse de Charny.

— Je veux sauver la mère de Sébastien.

— Tu sais que c'est Danton qui, comme ministre de la justice, tient les clefs de la prison.

— Oui, mais aussi je sais que vous pouvez dire à Danton : ouvre ou ferme telle porte.

Cagliostro se leva, s'approcha du secrétaire, traça sur un petit carré une espèce de signe cabalistique, et présentant le papier à Gilbert.

— Tiens, mon fils, dit-il, va trouver Danton, et demande-lui ce que tu voudras.

Gilbert se leva.

— Mais après, lui demanda Cagliostro, que comptes-tu faire ?

— Après quoi ?

— Après les jours qui vont s'écouler, quand le tour du roi sera venu ?

— Je compte, dit Gilbert, me faire nommer, si je puis, de la nouvelle Convention, et m'opposer de tout mon pouvoir à la mort du roi.

— Oui, — reprit Cagliostro — je comprends cela, fais donc selon ta conscience, Gilbert, mais promets-moi une chose.

— Laquelle?

— Il y a un temps que tu eusses promis sans condition.

— Dans ce temps, vous ne veniez pas me dire qu'on guérissait un peuple par l'assassinat, une nation par le meurtre.

— Soit. — Eh bien! promets-moi, Gilbert, que le roi jugé, que le roi exécuté — tu suivras le conseil que je te donnerai.

Gilbert lui tendit la main.

— Tout conseil qui viendra de vous, maître, me sera précieux, dit-il.

— Et sera-t-il suivi? demanda Cagliostro.

— Je vous le jure, s'il ne blesse pas ma conscience.

— Gilbert, tu es injuste, dit Cagliostro, je t'ai beaucoup offert ; ai-je jamais rien exigé?

— Non, maître, dit Gilbert, et maintenant encore, vous venez de me donner une vie qui m'est plus précieuse que la mienne.

— Va donc, dit Cagliostro, et que le

génie de la France, dont tu es un des plus nobles fils, te conduise.

Cagliostro sortit, Gilbert le suivit.

Le fiacre attendait toujours, Gilbert y monta et ordonna de toucher au ministère de la justice.

C'était là qu'était Danton.

Danton, comme ministre de la justice, avait un spécieux prétexte de ne pas paraître à la Commune.

D'ailleurs qu'avait-il besoin d'y paraître—Marat et Robespierre n'y étaient-ils point.

Robespierre ne se laisserait pas dépasser par Marat ; attelés au meurtre, ils marcheraient du même pas.

Tallien, l'homme de Danton, les surveillait, d'ailleurs.

Deux choses attendaient Danton.

En supposant qu'il se décidât pour la Commune, un triumvirat avec Marat et Robespierre.

En supposant que l'Assemblée se décidât pour lui, une dictature tout seul, comme ministre de la justice.

Il ne voulut pas de Robespierre et de Marat.

Mais l'Assemblée ne voulut pas de lui.

Quand Gilbert lui fut annoncé, il était avec sa femme, ou plutôt sa femme était à ses pieds.

Le massacre était si connu d'avance, que sa femme était à ses pieds le suppliant de ne point permettre le massacre.

Elle en mourut de douleur, la pauvre femme, lorsque le massacre eut eu lieu.

Danton ne pouvait lui faire comprendre, une chose bien claire cependant.

C'est qu'il ne pouvait rien contre les décisions de la Commune, sans une autorité dictatoriale concédée par l'Assemblée.

Avec l'Assemblée, il y avait chance de victoire.

Sans l'Assemblée, il y avait défaite certaine.

— Meurs! meurs! meurs! s'il le faut — criait la pauvre femme — mais que le massacre n'ait pas lieu.

— Un homme comme moi ne meurt pas inutilement, disait Danton. Je veux bien mourir, mais que ma mort soit utile à la pa rie.

On annonça le docteur Gilbert.

— Je ne sortirai pas, dit madame Danton, que tu ne m'aie promis de faire tout au monde pour empêcher cet abominable crime.

— Alors reste, dit Danton.

Madame Danton fit trois pas en arrière et laissa son mari aller au devant de Gilbert.

Il connaissait l'illustre médecin de vue et de réputation.

Il alla à lui.

— Ah! docteur, dit-il, vous arrivez bien et si j'avais connu votre adresse, en vérité, je vous eusse envoyé chercher.

— Le docteur salua Danton, en voyant derrière lui une femme en larmes, s'inclina.

— Tenez, dit le ministre, voici ma femme, la femme du citoyen Danton, du ministre de la justice, qui croit que je suis assez fort, à moi tout seul, pour empêcher M. Marat, M. Robespierre, poussés par toute la Commune, de faire ce qu'ils veulent, c'est-à-dire pour les empêcher de tuer, d'exterminer, d'égorger.

Gilbert regarda madame Danton.

Celle-ci pleurait les mains jointes.

— Madame, dit Gilbert, voulez-vous me permettre de baiser ces mains miséricordieuses.

— Bon, dit Danton, tiens, Madeleine, voilà du renfort qui t'arrive.

— Oh! dites lui donc, Monsieur, sécria la pauvre femme, que s'il permet cela c'est une tache de sang sur toute sa vie.

— Si ce n'était que cela encore, dit Gilbert, si cette tache devait rester au front d'un homme, et que croyant cette souillure attachée à son nom, utile à son pays, nécessaire à la France, cet homme se dévouat, jeta son honneur dans le gouffre, commé Decius y jeta son corps, — ce ne serait rien, — qu'importe dans des événements comme ceux où nous sommes, la vie, la réputation, l'honneur d'un citoyen, — mais c'est une tache au front de la France.

—Citoyen, dit Danton, quand le Vésuve déborde, dites-moi un homme assez puissant pour arrêter sa lave ; quand la marée monte, dites-moi un bras assez fort pour repousser l'Océan.

— Quand on s'appelle Danton, on ne demande pas où est cet homme, on dit le voilà, on ne demande pas où est ce bras, on agit.

— Tenez, dit Danton, vous êtes tous insensé, il faut donc que ce soit moi qui vous dise ce que je ne me laisserai pas dire. — Eh bien! oui, j'ai la volonté, — eh bien! oui, j'ai le génie, — eh bien! oui, si l'Assemblée voulait, j'aurai la force, mais savez-vous ce qui va arriver : ce qui est arrivé à Mirabeau, son génie n'a pas pu triompher de sa mauvaise réputation. Je ne suis pas le fanatique Marat, pour inspirer la terreur à l'Assemblée, je ne suis pas l'incorruptible Robespierre, pour lui inspirer de la confiance, l'Assemblée me refusera les moyens de sauver l'État; je porterai la peine de ma mauvaise réputation, elle ajournera, elle traînera en longueur, on dira tout bas que je suis un homme sans moralité, un homme à qui l'on ne peut pas donner, même pour trois jours, un pouvoir absolu, entier, arbitraire; on nommera quelque commission d'honnêtes gens et, pendant ce temps là, le massacre commencera et, comme vous le dites, le sang d'un millier de coupables, le crime de trois ou quatre cents ivrognes tirera sur les scènes de la révolution un rideau rouge qui en cachera les sublimes hauteurs.

— Eh bien! non, dit Danton avec un geste magnifique, — non, — ce ne sera pas. La France qu'on accusera, ce sera moi, je détournerai d'elle la malédiction du monde et je la ferai rouler sur ma tête.

— Et moi, et tes enfants! s'écria la malheureuse femme.

— Toi, dit Danton, tu en mourras, tu l'as dit et l'on ne t'accusera pas d'être ma complice puisque mon crime t'auras tué; — quant à mes enfants ce sont des fils, ils seront un jour des hommes, et sois tranquille, ils auront le cœur de leur père, et ils porteront le nom de Danton la tête haute, ou bien ils seront faibles et me renieront, tant mieux, — les faibles ne sont point de ma race, et c'est moi qui dans ce cas les renie d'avance.

— Mais au moins, s'écria Gilbert,—cette autorité, demandez-là à l'Assemblée.

— Croyez-vous que j'ai attendu votre conseil, — j'ai envoyé chercher Thuriot, j'ai envoyé chercher Tallien, — femme, vois s'ils sont là, s'ils y sont, fais entrer Thuriot.

Madame Danton sortit vivement.

— Je vais tenter la fortune devant

vous, monsieur Gilbert, dit Danton, vous me serez témoin devant la postérité, au moins, que j'aurais essayé.

La porte se rouvrit.

— Voici le citoyen Thuriot, mon ami, dit madame Danton.

— Viens ici, — dit Danton en tendant sa large main à celui qui jouait à ses côtés le rôle qu'un aide-de-camp joue près d'un général. — Tu as dit un mot sublime l'autre jour à la tribune. La révolution française n'est pas seulement à nous, mais au monde et nous en devons compte à l'humanité toute entière. Eh bien, cette révolution, nous allons tenter un dernier effort pour la garder pure.

— Parle, dit Thuriot.

— Demain, à l'ouverture de la séance, avant qu'aucune discussion soit engagée, voilà ce que tu demanderas.

Qu'on porte à trois cents le nombre des membres du conseil général de la Commune, de manière, tout en maintenant les anciens créés le 10 août, à annihiler les anciens par les nouveaux, nous constituons sur une base fixe la représentation de Paris, nous agrandissons la Commune, mais nous la neutralisons, nous l'augmentons de nombre, mais nous en modifions l'esprit. Si cette proposition ne passe pas, si tu ne peux pas leur faire comprendre ma pensée, alors entends-toi avec Lacroix, dis lui d'entamer franchement la question, qu'il propose de punir de mort ceux qui, directement où indirectement, refuseront d'exécuter où entraveront de quelque manière que ce soit, les ordres donnés et les mesures prises par le pouvoir exécutif; si la proposition passe, c'est la dictature, le pouvoir exécutif c'est moi, j'entre, je le réclame et si l'on hésite à me le donner je le prends!

— Alors que faites vous, demanda Gilbert.

—Alors, dit Danton, alors je prends un drapeau, et au lieu du sanglant et hideux démon du massacre que je renvoie à ses ténèbres, j'invoque le génie noble et serein des batailles qui frappe sans peur ni colère, qui regarde en paix la mort ; je demande à toutes ces bandes si c'est pour égorger des hommes désarmés qu'elles se sont réunies ; je déclare infâme quiconque menace les prisons, peut-être beaucoup approuvent-ils le massacre, mais les massacreurs sont peu nombreux ; je profite de l'élan militaire qui règne dans Paris, j'enveloppe le petit nombre des meurtriers dans le tourbillon de volontaires vraiment soldats qui n'attendent qu'un ordre pour partir, et je lance à la frontière, c'est-à-dire contre l'ennemi, l'élément immonde dominé par l'élément généreux.

— Faites cela, faites cela, s'écria Gilbert, et vous aurez fait une chose grande, magnifique, sublime.

— Eh! mon Dieu, dit Danton en haussant les épaules, avec un singulier mélange de force, d'insouciance et de souci, c'est la chose la plus facile, que l'on m'aide seulement, et vous verrez.

Madame Danton baisait les mains de son mari.

— On t'aidera Danton, disait-elle, qui ne serait pas de ton avis en t'entendant parler ainsi.

— Oui, répondit Danton, mais malheureusement je ne puis parler ainsi, car si j'échouais en parlant ainsi, c'est par moi que commencerait le massacre.

—Eh bien! dit vivement madame Danton, ne vaudrait-il pas mieux finir ainsi.

— Femme qui parle comme une femme, et moi mort que deviendrait la révolution entre ce fou sanguinaire qu'on appelle Marat et ce faux utopiste qu'on appelle Robespierre? — Non, je ne dois pas, je ne veux pas mourir encore, ce que je dois, c'est empêcher le massacre si je puis, c'est, si le massacre a lieu malgré moi, d'en décharger la France et de le prendre pour mon compte, je marcherai de même à mon but, seulement j'y marcherai plus terrible.

— Appelle Tallien.

Tallien entra.

— Tallien, lui dit Danton, il se peut que demain la Commune m'écrive pour m'inviter à me rendre à la municipalité; vous êtes le secrétaire de la commune, arrangez-vous de manière à ce que la lettre ne m'arrive pas et à ce que je puisse prouver qu'elle ne m'est point arrivée.

— Diable, dit Tallien, et comment ferai-je.

— Cela vous regarde, je vous dis ce que je désire, ce que je veux, ce qui doit être, c'est à vous de trouver les moyens. Venez, monsieur Gilbert, vous avez quelque chose à me demander.

En ouvrant la porte d'un petit cabinet il fit passer Gilbert et l'y suivit.

— Voyons, dit Danton, à quoi puis-je vous être utile?

Gilbert tira de sa poche le papier que lui avait donné Cagliostro et le présenta à Danton.

— Ah! dit-il, vous venez de sa part, et bien, que désirez vous?

— La liberté d'une femme enfermée à l'Abbaye.

— Son nom?

— La comtesse de Charny.

Danton prit un papier et écrivit l'ordre immédiat d'élargissement.

— Tenez, dit-il, en avez-vous d'autres

à sauver, parlez, je voudrais pouvoir partiellement les sauver tous, les malheureux!

— Gilbert s'inclina.

— J'ai ce que je désire, dit-il.

— Allez donc, monsieur Gilbert, et si vous avez jamais besoin de moi, venez me trouver directement d'homme à homme, sans intermédiaire, je serai trop heureux de faire quelque chose pour vous.

Puis le poussant hors de son cabinet.

— Ah! murmura-t-il, si j'avais seulement pour vingt-quatre heures la moitié de votre réputation d'honnête homme, monsieur Gilbert.

Et il referma la porte derrière Gilbert en poussant un soupir et en essuyant la sueur qui coulait sur son front.

Porteur du précieux papier qui lui rendait la vie d'Andrée, Gilbert se rendit à l'Abbaye.

Quoiqu'il fut près de minuit des groupes menaçant stationnaient encore aux alentours de la prison.

— Gilbert passa au milieu d'eux et vint frapper à la porte.

La porte sombre à la voûte basse s'ouvrit.

Gilbert passa en frisonnant; cette voûte basse était, non pas celle d'une prison, mais celle d'un tombeau.

Il présenta son ordre au directeur.

L'ordre portait de mettre à l'instant même en liberté la personne que désignerait le docteur Gilbert.

Le docteur désigna la comtesse de Charny et le directeur ordonna à un porte-clef de conduire le citoyen Gilbert à la chambre de la prisonnière.

Gilbert suivit le porte-clef, monta derrière lui trois étages d'un petit escalier à vis et entra dans une chambre éclairée par une lampe.

Une femme toute vêtue de noir, pâle comme un marbre sous ses habits de deuil, était assise près de la table, sur laquelle était posée la lampe et lisait dans un petit livre relié en chagrin et orné d'une croix d'argent.

Un reste de feu brûlait dans une cheminée à côté d'elle.

Malgré le bruit que fit la porte en s'ouvrant, elle ne leva point la tête ; malgré le bruit que fit Gilbert en s'approchant d'elle, elle ne leva point les yeux.

Elle paraissait absorbée dans sa lecture, ou plutôt dans sa pensée, car

Gilbert resta deux ou trois minutes devant elle sans lui voir tourner la page.

Le porte-clef avait tiré la porte derrière Gilbert et se tenait en dehors.

— Madame la comtesse, dit Gilbert au bout d'un instant.

Andrée leva les yeux, regarda un instant sans voir, le voile de sa pensée était encore entre son regard et celui qui était devant elle, il s'éclaircit peu à peu.

— Ah! c'est vous, monsieur Gilbert, demanda Andrée, que me voulez-vous?

— Madame, dit Gilbert, des bruits sinistres courent sur ce qui va se passer demain dans les prisons.

— Oui, dit Andrée, nous savons cela, on doit nous égorger, mais vous savez, monsieur Gilbert, que je suis prête à mourir.

Gilbert s'inclina.

— Je viens vous chercher, Madame, dit-il.

— Vous venez me chercher, demanda Andrée avec surprise, et pour me conduire où?

— Où vous voudrez, Madame, vous êtes libre.

Il lui présenta l'ordre de sortie, signé de Danton.

Elle le lut, mais au lieu de le rendre au docteur, elle le garda dans sa main.

— J'aurais dû m'en douter, docteur, dit-elle en essayant de sourire, chose que son visage semblait avoir désappris.

— De quoi, Madame?

— Que vous veniez pour m'empêcher de mourir.

— Madame, il y a une existence au monde qui m'est plus précieuse que ne m'eût jamais été celle de mon père ou de ma mère, si Dieu m'eût accordé un père ou une mère, c'est la vôtre.

— Oui, et voilà pourquoi une première fois déjà vous m'avez manqué de parole.

— Je ne vous ai pas manqué de parole, Madame, je vous ai envoyé le poison.

— Par mon fils.

— Je ne vous avais point dit par qui je vous l'enverrais.

— De sorte que vous avez pensé à moi, monsieur Gilbert, de sorte que vous êtes entré pour moi dans l'antre du lion, de sorte que vous en êtes sorti avec le talisman qui ouvre les portes du tombeau.

— Je vous ai dit, Madame, que tant que je vivrais, vous ne pourriez pas mourir.

— Oh! cette fois, cependant, monsieur Gilbert, dit Andrée avec un sourire mieux dessiné que le premier, je crois que je tiens bien la mort, allez.

— Madame, dit Gilbert, je vous déclare que dussé-je employer la force pour vous arracher d'ici, vous ne mourrez pas.

Andrée, sans répondre, déchira l'ordre de sortie en quatre morceaux et en jeta les morceaux au feu.

— Essayez, dit-elle.

Gilbert poussa un cri.

— Monsieur Gilbert, dit Andrée, j'ai renoncé à l'idée du suicide, mais je n'ai point renoncé à celle de la mort.

— Oh! Madame, Madame, dit Gilbert.

— Monsieur Gilbert, je veux mourir.

Gilbert laissa échapper un gémissement.

— Tout ce que je demande de vous,

monsieur Gilbert, c'est que vous tâchiez de retrouver mon corps, de le sauver mort des outrages auquel vivant il n'a point échappé. M. de Charny repose dans les caveaux de son château de Boursonne, c'est dans cette demeure que j'ai passé les seuls jours heureux de ma vie, je désire reposer près de lui.

— Oh! Madame, au nom du ciel, je vous adjure.

— Et moi, Monsieur, au nom de mon malheur, je vous prie.

— C'est bien, Madame, dit Gilbert, — vous l'avez dit, — je dois vous obéir en tout point, je me retire, mais je ne suis pas vaincu.

— N'oubliez point mon seul désir, Monsieur, dit Andrée.

— Si je ne vous sauve pas malgré vous, Madame, dit Gilbert, il sera accompli.

Et saluant une dernière Andrée, Gilbert se retira.

La porte se referma derrière lui avec ce bruit lugubre particulier aux portes des prisons.

VIII

La journée du 2 septembre.

Ce qu'avait prévu Danton arriva.

A l'ouverture de la séance, Thuriot fit à l'Assemblée la proposition que le ministre de la justice avait formulée la veille.

L'Assemblée ne comprit pas.

Au lieu de voter à neuf heures du matin, elle discuta, traîna en longueur, vota à une heure de l'après-midi.

Il était trop tard.

Ces quatre heures retardèrent d'un siècle les libertés de l'Europe.

Tallien fut plus adroit.

Chargé par la Commune de donner l'ordre au ministre de la justice de se rendre à la municipalité, il écrivit :

Monsieur le ministre,

Au reçu de la présente, vous vous rendrez à l'Hôtel-de-Ville.

Seulement il se trompa d'adresse.

Au lieu de mettre au ministre de la justice, il mit au ministre de la guerre.

On attendait Danton.

Ce fut Servan qui se présenta tout embarrassé en demandant ce qu'on lui voulait.

On ne lui voulait absolument rien.

Le quiproquo s'éclaircit : mais le tour était fait.

Nous avons dit que l'Assemblée en votant à une heure avait voté trop tard.

En effet, la Commune, elle, qui ne traînait pas les choses en longueur, avait mis le temps à profit.

Que voulait la Commune?

Elle voulait le massacre et la dictature.

Voici comment elle y arriva :

Comme l'avait dit Danton, les massacreurs n'étaient pas si nombreux qu'on le croyait.

Dans la nuit du 1er au 2 septembre, tandis que Gilbert essayait inutilement de tirer Andrée de l'Abbaye, Marat avait lâché les aboyeurs dans les clubs et dans les sections.

Si enragés qu'ils fussent, ils avaient produit peu d'effet dans les clubs, et sur quarante-huit sections, deux seulement, la section Poissonnière et celle du Luxembourg, avaient voté le massacre.

Quant à la dictature, la Commune sentait bien qu'elle ne pouvait s'en emparer qu'à l'aide de ces trois noms :

Marat, Robespierre, Danton.

Voilà pourquoi elle avait fait donner à Danton l'ordre de venir à la municipalité.

Nous avons vu que Danton avait prévu le coup.

Danton ne reçut point la lettre et par conséquent ne vint point.

S'il l'eut reçue, si l'erreur de Tallien, n'eut point fait porter la lettre au ministre de la guerre, au lieu de la faire porter au ministre de la justice, peut-être n'eut-il point osé désobéir.

Ne le voyant pas venir, force fut à la commune de prendre un parti.

Elle décida de nommer un comité de surveillance.

Seulement ce comité de surveillance

ne pouvait être nommé en dehors des membres de la Commune.

Il s'agissait cependant de faire entrer Marat dans ce *Comité du massacre*, c'était le vrai nom qui lui appartenait.

Mais comment s'y prendre? Marat n'était point membre de la Commune.

Ce fut Panis qui se chargea de l'affaire.

Par son patron, Robespierre, par son beau-frère, Santerre, il était d'un tel poids à la municipalité, — vous comprenez bien que Panis, ex-procureur, esprit faux et dur, pauvre petit auteur de quelques vers ridicules, ne pouvait avoir par lui-même aucune influence, — mais par Robespierre et Santerre, disons-nous, il pesait d'un tel poids sur la municipalité, qu'il fut autorisé à choisir trois membres qui compléterait le comité de surveillance.

Panis n'osa exercer seul cet étrange pouvoir.

Il s'adjoignit trois de ses collègues : Sergent, Duplain, Jourdeuil.

Ceux-ci, de leur côté, s'adjoignirent cinq personnes :

Deforges, Lenfant, Guermeur, Leclerc et Dufort.

L'acte original porte les quatre signatures, de Panis, Sergent, Duplain et Jourdeuil.

Mais à la marge, on trouve un nom.

Un nom paraphé par un seul des quatre signataires.

Paraphé d'une manière confuse, mais ou cependant on croit reconnaître le paraphe de Panis.

Ce nom, c'était le nom de Marat, de Marat qui n'avait pas le droit d'être de ce comité, n'étant pas membre de la Commune (1).

(1) Lisez Michelet, le seul homme qui ait vu clair dans les sanglantes ténèbres de septembre.
Voir aussi à la préfecture de police, l'acte que

Avec ce nom, le meurtre se trouva intronisé.

Voyons-le s'étendre dans l'effroyable développement de sa toute puissance.

Nous avons dit que la Commune n'avait pas fait comme l'Assemblée, qu'elle n'avait pas traînée en longueur, elle.

A dix heures, le comité de surveillance était établi, et il avait donné son premier ordre.

Ce premier ordre était de transporter de la mairie où il siégeait, — la mairie était alors où est aujourd'hui la préfec-

nous citons, et que notre savant ami M. Labat, archiviste, se fera un plaisir de montrer aux autres comme il nous l'a montré à nous.

ture de police — ce premier ordre était de transporter de la mairie à l'Abbaye vingt-quatre prisonniers.

De ces vingt-quatre prisonniers, huit ou neuf étaient des prêtres, c'est-à-dire, que huit ou neuf portaient l'habit le plus exécré, le plus haï de tous, l'habit des hommes qui avaient organisé la guerre civile dans la Vendée et le Midi.

L'habit ecclésiastique.

On les fit prendre dans leur prison par des fédérés de Marseille et d'Avignon on fit venir six fiacres, on en fit monter quatre dans chaque fiacre, et l'on partit.

Le signal du départ avait été donné par le troisième coup du canon d'alarme.

L'intention de la Commune était facile à comprendre ; cette lente et funèbre procession exalterait la colère du peuple, il était probable que, soit sur la route, soit à la porte de l'Abbaye, les fiacres seraient arrêtés, l'escorte serait forcée, les prisonniers seraient égorgés, alors il n'y aurait plus qu'à laisser le massacre suivre son cours.

Commencé sur la route, ou à la porte de la prison, il en franchirait facilement le seuil.

Ce fut au moment où les six fiacres sortaient de la commune, c'est-à-dire de la préfecture de police, que Danton prit sur lui d'entrer à la Chambre.

La proposition faite par Thuriot était devenue inutile, il était trop tard; nous l'avons dit, pour appliquer à la Commune la décision qui venait d'être prise.

Restait la dictature.

Danton monta à la tribune, malheureusement il était seul : Roland s'était trouvé trop honnête homme pour accompagner son collègue.

On chercha des yeux Roland, Roland n'y était pas.

On voyait bien la force : mais on demandait inutilement la moralité.

Manuel venait d'annoncer à la Commune le danger de Verdun, il avait proposé que le soir même les citoyens enrôlés campassent au Champ-de-Mars, afin qu'ils puissent partir le lendemain au point du jour pour marcher à l'ennemi.

La proposition de Manuel avait été accueillie.

Un autre membre avait proposé, vu l'urgence du danger, de tirer le canon d'alarme, de sonner le tocsin, de battre la générale.

La seconde propostion, mise aux voix, avait été accueillie comme la première.

C'était une mesure néfaste, meurtrière, terrible dans les circonstances où l'on se trouvaient. Le tambour, la cloche, le canon ont des retentissements sombres, des vibrations funèbres dans les cœurs les plus calmes, à plus forte raison, dans tous ces cœurs déjà si violemment agités.

Tout cela du reste était calculé.

Au premier coup de canon, on devait prendre M. de Beausire.

Annonçons tout de suite, avec la tristesse qui s'attache à la perte d'un si intéressant personnage, qu'au premier coup de canon M. de Beausire fut pendu.

Au troisième coup de canon, les voitures devaient partir de la préfecture de police. Le canon tirait de dix minutes en dix minutes ; ceux qui venaient de voir pendre M. de Beausire étaient donc en mesure d'arriver à temps pour voir partir les prisonniers et prendre part à leur égorgement.

Danton était tenu au courant de tout ce qui se passait à la Commune, par Tallien.

Il savait donc le danger de Verdun, il savait donc la décision du campement au Champ-de-Mars, il savait donc que le canon d'alarme allait être tiré, le tocsin sonné, la générale battue.

Il prit pour donner la réplique à Lacroix qui, on se le rappelle, devait demander la dictature, il prit le prétexte du danger de la patrie, et proposa de voter.

Que quiconque refuserait de servir de sa personne, ou rendrait les armes, serait puni de mort.

Puis, pour qu'on ne se méprit point à ses intentions, pour qu'on ne confondit point ses projets avec ceux de la Commune :

« Le tocsin qu'on va sonner, dit-il, n'est point un signal d'alarme, *c'est la charge sur les ennemis de la patrie.* Pour les vaincre, Messieurs, il nous faut de l'audace, encore de l'audace, toujours de l'audace, et la France est sauvée. »

Un tonnerre d'applaudissements accueillit ces paroles.

Alors Lacroix se leva et demanda à son tour :

Qu'on punit de mort ceux qui, directement ou indirecment, refuseraient d'exécuter où entraveraient, de quelque manière que ce fut, les ordres donnés et les mesures prises par le pouvoir exécutif.

L'Assemblée comprit parfaitement

que ce qu'on lui demandait de voter, c'était la dictature.

Elle approuva en apparence, mais elle ajourna, nomma une commission de Girondins pour rédiger les décrets.

Les Girondins, par malheur, comme Roland, étaient de trop honnêtes gens pour avoir confiance en Danton.

La commission traîna la discussion jusqu'à six heures du soir.

Danton s'impatienta, il voulait le bien, on le forçait de laisser faire le mal.

Il dit un mot tout bas à Thuriot et sortit.

Qu'avait-il dit tout bas ?

Le lieu où l'on pourrait le retrouver, dans le cas où l'Assemblée lui confierait ses pouvoirs.

Où pourrait-on le retrouver ?

Au Champ-de-Mars, au milieu des volontaires.

Quelle était son intention, dans le cas où les pouvoirs lui seraient confiés.

De se faire reconnaître dictateur par cette masse d'hommes armés, non pas pour le massacre, mais pour la guerre, de rentrer à Paris avec eux et d'emporter, comme dans un immense filet, les égorgeurs à la frontière.

Il attendit jusqu'à cinq heures du soir.

Personne ne vint.

Qu'arrivait-il pendant ce temps des six fiacres conduisant les prisonniers.

Suivons-les : ils vont lentement et facilement, nous les rejoindrons.

D'abord, les fiacres dans lesquels ils étaient enfermés, les protégèrent. L'instinct du danger qu'il courait fit que chacun se rejetait en arrière, se montrant le moins possible aux ouvertures ; mais ceux qui étaient chargés de les protéger les dénonçaient eux-mêmes : la colère du peuple ne montait pas assez vite, ils la fouettaient de leurs paroles.

— Tenez, disaient-ils à ceux qui s'amassaient sur la route, les voilà les traîtres, les voilà les complices des Prussiens, les voilà ceux qui livrent nos villes, ceux qui égorgeront vos femmes et vos enfants si vous les laissez derrière vous quand vous marcherez à la frontière.

Et cependant tout cela était impuissant, tant, comme l'avait dit Danton, les massacreurs étaient rares, on obtenait de la colère, des cris, des menaces, mais tout s'arrêtait là.

On suivit la ligne des quais, le Pont-Neuf, la rue Dauphine, on n'avait pas pu lasser la patience des prisonniers, on n'avait pas pu pousser la main du peuple jusqu'à un meurtre.

On approchait de l'Abbaye, on était au carrefour Bussy. Il était temps d'aviser.

Si on laissait rentrer ces malheureux en prison, si on les tuait une fois entrés, il était évident que c'était un ordre réfléchi de la Commune qui les tuait, et non l'indignation spontanée du peuple.

La fortune vint en aide aux intentions mauvaises, aux projets sanglants.

Au carrefour Bussy, s'élevait un de ces théâtres où se faisaient les enrôlements volontaires.

Il y avait encombrement.

Les fiacres furent forcés de s'arrêter.

L'occasion était belle, si on la perdait, elle ne se représenterait plus.

Un homme écarte l'escorte qui se laisse écarter, monte sur le marche-

pied de la première voiture, un sabre à
la main, et plonge au hasard et à plu-
reprises dans la voiture son sabre
qu'il en retire rouge de sang.

Un des prisonniers avait une canne,
avec cette canne, il essaya de parer les
coups. Il atteignit un des hommes de
l'escorte au visage.

— Ah! brigands, s'écria celui-ci,
nous vous protégeons et vous nous frap-
pez. A moi! camarades.

Une vingtaine d'hommes qui n'atten-
tendaient que cet appel, s'élancèrent
alors de la foule, armés de piques et de
couteaux emmanchés à de longs bâtons.

Ils dardèrent piques et couteaux par la portière, et l'on commença d'entendre les cris des douleurs et de voir le sang des victimes couler par le fond des voitures et laisser une trace dans la rue.

Le sang appelle le sang. Le massacre était commencé, il allait durer quatre jours.

Les prisonniers enfermés à l'Abbaye, avaient, dès le matin, jugé à la figure de leurs gardiens et aux demi-mots qui leur étaient échappés, que quelque chose de sombre se préparait. Un ordre de la Commune avait, dans toutes les prisons, fait ce jour-là avancer l'heure du repas. Que voulait dire ce changement dans les habitudes de la prison? Rien que de funeste, certainement.

Ils attendaient donc avec anxiété.

Vers quatre heures, le murmure lointain de la foule commença de venir battre, comme les premières vagues d'une marée qui monte, le pied des murailles de la prison; quelques-uns des prisonniers des fenêtres grillées de la tourelle qui donne sur la rue Sainte-Marguerite commencèrent d'apercevoir les fiacres. Alors les hurlements de rage et de douleur entrèrent dans la prison par toutes ces ouvertures, et le cri : Voilà les **massacreurs ! se répandit dans les cor-**

ridors, entra dans les chambres, pénétra jusqu'au plus profond des cachots.

Puis on entendit le cri :

Les Suisses ! les Suisses !

Il y avait cent cinquante Suisses à l'Abbaye. On avait eu grande peine à les sauver de la colère du peuple le 10 août : la Commune connaissait la haine du peuple pour les uniformes rouges.

C'était donc une excellente manière de mettre le peuple en train que de lui faire commencer le massacre par les Suisses.

On fut deux heures à peu près à tuer ces cent cinquante malheureux.

Puis le dernier tué, et ce dernier fut le major Reading, dont nous avons déjà prononcé le nom, — on demanda LES PRÊTRES.

Les prêtres répondirent qu'ils voulaient bien mourir, mais qu'ils demandaient à se confesser.

La demande parut juste au peuple.

Le peuple leur accorda deux heures.

A quoi ces deux heures furent-elles employées ?

A former un tribunal.

Qui forma ce tribunal? qui le présida?

— Maillard.

IX

Maillard.

L'homme du 14 juillet, l'homme des 5 et 6 octobre, l'homme du 20 juin, l'homme du 10 août, devait être aussi l'homme du 2 septembre.

Seulement, l'huissier au Châtelet devait vouloir appliquer une forme, une allure solennelle, une apparence de légalité au massacre.

Il voulait que les aristocrates fussent tués.

Mais il voulait qu'ils fussent tués légalement.

Tués sur un arrêt prononcé par le peuple, qu'il regardait comme le seul juge infaillible. — Acquittés aussi.

Avant que Maillard installât son tribunal, deux cents personnes à peu près avaient déjà été massacrées.

Une seule sauvée.

L'abbé Sicard.

Deux autres prisonniers, franchissant une fenêtre au milieu du tumulte, s'étaient trouvées au milieu du comité de la section, qui tenait ses séances à l'Abbaye.

C'étaient le journaliste Pariseau, et l'intendant de la maison du roi, Lachapelle.

Les membres du comité avaient fait asseoir les fuyards au milieu d'eux et les avaient sauvés ainsi.

Mais il ne fallait pas savoir gré aux massacreurs si ces deux derniers leur avaient échappés. — Ce n'était pas leur faute.

Nous avons dit qu'une des pièces curieuse à visiter aux archives de la police était la nomination de Marat au comité de surveillance.

Une non moins curieuse est le registre de l'Abbaye, encore tout taché aujourd'hui du sang des massacrés qui rejaillissait jusque sur les membres du tribunal.

Faites-vous montrer ce registre, vous qui êtes à la recherche des émouvants souvenirs, et vous verrez à chaque instant, sur les marges, au-dessous de l'une ou l'autre de ces deux notes, écrites d'une écriture grande, belle, posée, parfaitement lisible, parfaitement calme, parfaitement exempte de trouble, de peur, ni de remords, et vous verrez, au-dessous de l'une ou de l'autre de ces deux notes :

Tué par le jugement du peuple.

Ou :

Absous par le peuple.

Le nom ! Maillard.

La dernière note est répétée quarante-trois fois.

Maillard a donc sauvé, à l'Abbaye, la vie de quarante-trois personnes.

Au reste, pendant qu'il entre en fonctions vers neuf ou dix heures du soir, suivons deux hommes qui sortent des Jacobins, et qui s'acheminaient vers la rue Sainte-Anne.

C'est le grand-prêtre et l'adepte, c'est le maître et le disciple, c'est Saint-Just et Robespierre.

Saint-Just, qui nous est apparu le soir de la réception de trois nouveaux maçons à la loge de la rue Plâtrière.

Saint-Just au teint blafard et douteux, trop blanc pour un teint d'homme, trop pâle pour un teint de femme, à la cravate empesée et raide, élève d'un maître froid, sec et dur; plus dur, plus sec, plus froid que son maître.

Pour le maître, il y a encore quelques émotions dans ces combats de la politique où l'homme heurte l'homme, la passion, la passion ; pour l'élève ,ce qui se passe, n'est qu'une partie d'échecs sur une grande échelle.

Seulement l'enjeu est la vie.

Prenez garde qu'il ne gagne, vous qui jouez contre lui, car il sera inflexible et ne fera point grâce aux perdants.

Sans doute Robespierre avait des raisons pour ne pas rentrer ce soir-là chez les Duplay.

Il avait dit le matin qu'il irait probablement à la campagne. La petite chambre de l'hôtel garni de Saint-Just, jeune homme, nous pourrions même dire enfant encore inconnu, lui semblait peut-être, pour cette nuit terrible du 2 au 3 septembre, plus sûre que la sienne.

Tous deux y entrèrent vers onze heures à peu près.

Il est inutile de demander de quoi parlaient ces deux hommes.

Ils parlaient du massacre.

Seulement, l'un en parlait avec la sensibilité d'un philosophe de l'école de Rousseau.

L'autre, avec la sécheresse d'un mathématicien de l'école de Condillac.

Robespierre, comme le crocodile de la fable, pleurait parfois ceux qu'il condamnait.

En entrant dans sa chambre, Saint-Just posa son chapeau sur une chaise, ôta sa cravate, mit bas son habit.

— Que fais-tu? lui demanda Robespierre.

Saint-Just le regarda d'un œil tellement étonné que Robespierre répéta :

— Je te demande ce que tu fais?

— Je me couche, pardieu ! répondit le jeune homme.

— Et pourquoi faire te couches-tu ?

— Mais pour faire ce que l'on fait dans un lit, pour dormir.

— Comment ! s'écria Robespierre, tu songes à dormir dans une pareille nuit ?

— Pourquoi pas ?

— Quand des milliers de victimes tombent ou vont tomber, quand cette nuit va être la dernière pour tant d'hommes qui respirent encore ce soir, et qui auront cessé de vivre demain, tu songes à dormir?

Saint-Just demeura un instant pensif.

Puis, comme s'il avait puisé au fond de son cœur pendant ce court moment de silence une nouvelle conviction.

— Oui, c'est vrai, dit-il, je sais cela, mais je sais aussi que c'est un mal nécessaire, puisque toi-même l'as autorisé. Suppose une fièvre jaune, suppose une peste, suppose un tremblement de terre, il mourra autant d'hommes, plus même qu'il en va mourir, et il n'en résultera aucun bien pour la société, tandis que de la mort de nos ennemis résulte une sécurité pour nous. Je te conseille donc de rentrer chez toi, de te coucher comme je me couche, et de tâcher de dormir comme je vais dormir.

Et en disant ces mots l'impassible et froid politique se mit au lit.

— Adieu, dit-il, à demain.

Et en effet il s'endormit.

Son sommeil fut aussi long, aussi calme, aussi paisible que si rien d'extraordinaire ne se fût passé dans Paris. Il s'était endormi vers onze heures et demie du soir, il se réveilla vers six heures du matin.

Saint-Just vit comme une ombre entre le jour et lui, il se retourna du côté de sa fenêtre et reconnut Robespierre.

Il crut que parti la veille au soir, Robespierre était déjà revenu.

— Qui te ramène si matin? demanda-t-il.

— Rien, dit Robespierre, je ne suis pas sorti.

— Comment, tu n'es pas sorti?

— Non.

— Tu ne t'es pas couché?

— Non.

— Tu n'as pas dormi ?

— Non.

— Et où as-tu passé la nuit ?

— Debout, là, le front collé à la vitre, et écoutant les bruits de la rue.

Robespierre ne mentait pas. Soit doute, soit crainte, soit remords, il n'avait pas dormi une seconde.

Quant à Saint-Just, le sommeil n'avait pas fait de différence pour lui entre cette nuit-là et les autres nuits.

Au reste il y avait de l'autre côté de la Seine, dans la cour même de l'Abbaye, un homme qui n'avait pas plus dormi que Robespierre.

Cet homme était appuyé à l'angle du dernier guichet donnant sur la cour, et presque perdu dans la pénombre de l'immense salle.

Voici au reste le spectacle que présentait l'intérieur de ce dernier guichet transformé en tribunal.

Autour d'une vaste table chargée de sabres, d'épées et de pistolets, éclairée par deux lampes de cuivre, dont la lumière était nécessaire même en plein jour, douze hommes étaient assis.

A leurs figures ternes, à leurs formes robustes, aux bonnets rouges qui les coiffaient, aux carmagnoles qui couvraient leurs épaules, on reconnaissait des hommes du peuple.

Un treizième, au milieu d'eux, avec l'habit noir rapé, le gilet blanc, la culotte courte, la figure solennelle et lugubre, la tête nue les présidait.

Celui-là, le seul peut-être qui sut lire et écrire, avait devant lui un livre d'écrou, du papier, des plumes et de l'encre.

Ces hommes, c'étaient les juges de l'Abbaye, juges terribles rendant des jugements sans appel, qui à l'instant même étaient mis à exécution par une cinquantaine de bourreaux, armés de sabres, de couteaux, de piques, et qui attendaient dans la cour ruisselants de sang.

Leur président, c'était l'huissier Maillard.

Était-il venu là de lui-même, y avait-il été envoyé par Danton qui eût voulu faire aux autres prisons, c'est-à-dire aux Carmes, au Châtelet, à la Force, ce que l'on fit à l'Abbaye, sauver quelques personnes.

Nul ne le savait.

Au 4 septembre, Maillard disparaît, on ne le voit plus, on n'en entend plus parler, il est comme noyé, comme englouti dans le sang.

En attendant, depuis la veille dix heures il présidait le tribunal.

Il était arrivé, il avait dressé cette table, il s'était fait apporter le livre d'écrou, il avait au hasard et parmi les premiers venus désigné douze juges, il s'était assis, six s'étaient assis à sa droite, six à sa gauche et le massacre avait continué, mais cette fois avec une espèce de régularité.

On lisait le nom porté sur l'écrou, les guichetiers allaient chercher le prisonnier, Maillard faisait l'historique des causes de son emprisonnement; si le prisonnier était condamné, Maillard se contentait de dire :

— A la Force.

Alors la porte extérieure s'ouvrait et le condamné tombait sous les coups des massacreurs.

Si au contraire le prisonnier était absous, le noir fantôme se levait, lui posait la main sur la tête et disait :

— Qu'on l'élargisse.

Et le prisonnier était sauvé.

Au moment où Maillard s'était présenté à la porte de la prison, un homme s'était détaché de la muraille et avait été au devant de lui.

Aux premiers mots échangés entre eux, Maillard avait reconnu cet homme et avait en signe, sinon de soumission, du moins de condescendance, incliné sa haute taille devant lui.

Puis il l'avait fait entrer dans la prison, et la table dressée, le tribunal établi, il lui avait dit :

— Tenez-vous là, et quand ce sera la personne à laquelle vous vous intéressez, faites-moi un signe.

L'homme s'était accoudé dans l'angle et depuis la veille il était là, muet, immobile, attendant.

Cet homme, c'était Gilbert.

Il avait juré à Andrée de ne point la laisser mourir, et il essayait de tenir son serment.

Au moment où nous en sommes arrivés, il y avait un moment de répit : de trois heures à six heures du matin, les massacreurs et les juges avaient pris un instant de repos.

A six heures ils avaient mangé.

Pendant ces trois heures qu'avaient duré le sommeil et le repos, des tombereaux envoyés par la Commune étaient venus et avaient enlevé les morts.

Puis, comme il y avait trois pouces de sang caillé dans la cour, comme les pieds glissaient dans ce sang, comme c'eût été bien long de le laver, on avait apporté une centaine de bottes de paille qu'on avait éparpillées sur le pavé et que l'on avait recouvert des habits des victimes et particulièrement de ceux des Suisses.

Les vêtements et la paille absorbaient le sang.

Mais pendant que juges et massacreurs dormaient, les prisonniers veillaient secoués par la terreur.

Cependant quand les cris cessèrent, quand l'appel cessa, ils eurent un instant d'espoir.

Peut-être n'y avait-il qu'un certain nombre de condamnés désignés aux égorgeurs ; peut-être le massacre se bornerait-il aux Suisses et aux gardes du roi.

Mais l'espoir fut de courte durée.

Vers six heures et demie du matin les cris et les appels recommencèrent.

Alors un geôlier descendit et dit à Maillard que les prisonniers étaient prêts à mourir, mais qu'ils demandaient à entendre la messe.

Maillard haussa les épaules, mais accorda la demande.

Il était d'ailleurs occupé à écouter les félicitations que lui adressait au nom de la Commune un envoyé de la Commune.

Un homme mince de taille, à la figure douce, en habit puce, en petite perruque.

Cet homme, c'était Billaud-Varenne.

— Braves citoyens, dit-il aux massacreurs, vous venez de purger la société de grands coupables. La municipalité ne sait comment s'acquitter envers vous, sans doute les dépouilles des morts de vraient vous appartenir, mais cela ressemblerait à un vol ; comme indemnité de cette perte, je suis chargé d'offrir à chacun de vous vingt-quatre livres qui vont lui être payés sur-le-champ.

Et en effet, Billaud-Varenne fit à l'instant même distribuer aux massacreurs le salaire de leur sanglante besogne.

Voilà ce qui était arrivé et ce qui expliquait cette gratification de la Commune.

Pendant la soirée du 2 septembre, quelques-uns de ceux qui tuaient, c'était le petit nombre, la majorité des massacreurs appartenant au petit commerce des environs (1); quelques-uns de ceux qui tuaient étaient sans bas et sans souliers, aussi regardaient-ils avec envie les chaussures des aristocrates, il en résulta qu'ils firent demander à la section la permission de mettre à leurs pieds les souliers des morts.

La section accorda la demande.

Dès lors Maillard s'aperçut qu'on se croyait dispensé de demander.

En conséquence on prenait.

Non plus les souliers, non plus les

(1) Voir aux archives de la police l'enquête sur le 2 septembre.

bas, mais tout ce que l'on trouvait de bon à prendre.

Maillard trouva qu'on lui gâtait son massacre, et il en référa à la Commune.

De là l'ambassade de Billaud-Varenne et le religieux silence avec lequel il était écouté.

Pendant ce temps les prisonniers entendaient la messe.

Celui qui la disait était l'abbé Lenfant, prédicateur du roi.

Celui qui la servait était l'abbé de Rastignac, écrivain religieux.

C'étaient deux vieillards à cheveux blancs, à figure vénérable, et dont la parole, prêchant d'une espèce de tribune la résignation et la foi, eut une suprême et bienfaisante influence sur tous ces malheureux.

Au moment où tous étaient à genoux, recevant la bénédiction de l'abbé Lenfant, l'appel recommença.

Le premier nom prononcé fut celui du consolateur.

Il fit un signe, acheva sa prière et suivit ceux qui étaient venus le chercher.

Le second prêtre resta et continua la funèbre exhortation.

Puis il fut appelé à son tour, et à son tour suivit ceux qui l'appelaient.

Les prisonniers restèrent entre eux.

Alors la conversation entre ces hommes devint sombre, terrible, étrange.

Ils discutaient sur la manière de recevoir la mort et sur les chances d'un supplice plus ou moins long.

Les uns voulaient tendre la tête pour qu'elle tombât d'un seul coup.

Les autres lever les bras pour que la mort put pénétrer de tous côtés dans leur poitrine.

Les autres tenir leurs mains derrière le dos afin de n'opposer aucune résistance.

⁂

Un jeune homme se détacha en disant :

— Je vais savoir ce qui vaut le mieux.

Il monta à une petite tourelle dont la fenêtre grillée donnait sur la cour du massacre, et là il étudia la mort.

Puis il revint en disant :

— Ceux qui meurent le plus vite sont ceux qui ont le bonheur d'être frappés à la poitrine.

En ce moment on entendit ces mots suivi d'un soupir : — Mon Dieu ! je vais à vous.

Un homme venait de tomber à terre et se débattait sur les dalles.

C'était M. de Chantereine, colonel de la garde constitutionnelle du roi.

Il s'était frappé de trois coups de couteau dans la poitrine.

Les prisonniers héritèrent du couteau, mais, frappant avec hésitation, un seul parvint à se tuer.

Il y avait là trois femmes parmi les prisonniers.

Deux jeunes filles effarées se pressant aux côtés de deux vieillards.

Une femme en deuil, calme, agenouillée, priant et souriant dans sa prière.

Les deux jeunes filles étaient mesdemoiselles de Cazotte et de Sombreuil.

Les deux vieillards étaient leurs pères.

La jeune femme en deuil, c'était Andrée.

On appela M. de Montmorin.

M. de Montmorin, on se le rappelle, c'était l'ancien ministre, celui qui avait délivré les passeports à l'aide desquels le roi avait essayé de fuir; M. de Montmorin si impopulaire que, déjà la veille, un jeune homme qui portait son nom avait manqué d'être tué sur son nom.

M. de Montmorin n'était point venu écouter les exhortations des deux prêtres ; il était resté dans sa chambre, furieux, désespéré, appelant ses ennemis, demandant des armes, ébranlant les barreaux de fer de sa prison, brisant entre ses doigts une table de chêne dont les planches avaient deux pouces d'épaisseur.

Il fallut l'entraîner de force devant le

tribunal. Il entra dans le guichet, pâle, l'œil enflammé, les poings levés.

— A la Force! dit Maillard.

L'ancien ministre prit le mot pour ce qu'il paraissait être, et crut à une simple translation.

— Président, dit-il à Maillard, puisqu'il te plaît de t'appeler ainsi, j'espère que tu me feras donner une voiture pour me conduire à la Force, afin de m'épargner les insultes de tes assassins.

— Faites avancer une voiture pour M. le comte de Montmorin, dit Maillard avec une esquise politesse.

Puis à M. de Montmorin :

— Donnez-vous la peine de vous asseoir en attendant la voiture, monsieur le comte.

Le comte s'assit en grommelant.

Cinq minutes après on annonça que la voiture attendait.

Un comparse quelconque avait compris la part qu'il avait à jouer dans le drame, et il donnait la réplique.

On ouvrit la porte fatale, celle qui donnait sur la mort, et M. de Montmorin sortit.

Il n'avait pas fait trois pas qu'il était tombé frappé de vingt coups de piques.

Puis vinrent d'autres prisonniers dont les noms inconnus sont tombés dans le gouffre de l'oubli.

Au milieu de tous ces noms obscurs, un nom prononcé brilla comme une flamme.

C'était celui de Jacques Cazotte.

De Cazotte l'illuminé, qui avait, dix ans avant la révolution, prédit à chacun le sort qui l'attendait; de Cazotte, l'auteur du *Diable amoureux*, d'*Olivier*, des *Mille et Une Fadaises*.

Imagination folle, âme extatique, cœur ardent, qui avait embrassé avec ardeur la cause de la contre-révolution, et qui, dans des lettres à son ami Pouteau, employé dans les bureaux de la liste civile, avait exprimé des opinions qui, à l'heure où l'on était arrivé, étaient punies de mort.

Sa fille lui avait servi de secrétaire pour ces lettres ; et, son père arrêté, Elisabeth Cazotte était venue réclamer sa part de prison.

TABLE

DU DIX-SEPTIÈME VOLUME.

Chap. I. Le lendemain 1
II. Le Temple 19
III. La Révolution sanglante. 57
IV. La veille du 2 septembre 93
V. Où l'on prend définitivement congé de M. de Beausire. 121
VI. La purgation 143
VII. Le premier Septembre 171
VIII. Pendant la nuit du 1ᵉʳ au 2 septembre. 197
VIII. La journée du 2 septembre. 249
IX. Maillard. 279

Sceaux, Imp. de Munzel frères.

EN VENTE :

LES VALETS DE CŒUR
Par XAVIER DE MONTÉPIN. — 3 volumes.

LE BARON LA GAZETTE
Par A. DE GONDRECOURT. — 5 volumes.

UN DRAME EN FAMILLE
Par LE MARQUIS DE FOUDRAS. — 5 volumes.

LE BEAU COUSIN
Par MAXIMILIEN PERRIN. — 2 volumes.

LE NEUF DE PIQUE
Par LA COMTESSE D'ASH. — 6 volumes.

LES CRIMES A LA MODE
Par ANDRÉ THOMAS. — 2 volumes.

LES TROIS REINES
Par X.-B. SAINTINE. — 2 volumes.

LE TUEUR DE TIGRES
Par PAUL FÉVAL. — 2 volumes.

AVENTURES DU PRINCE DE GALLES
Par LÉON GOZLAN. — 5 volumes.

LIBRAIRIE DE A. CADOT.

EN VENTE :

	in-8.
Le Loup noir, par XAVIER DE MONTÉPIN	2 vol.
Une Haine à bord, par G. DE LA LANDELLE	2 vol.
Hélène, par madame CHARLES REYBAUD	2 vol.
Aventures de Saturnin Fichet (tomes 7, 8, 9 et derniers)	3 vol.
La Tache de Sang, par le vicomte D'ARLINCOURT (t. 3, 4, 5 et derniers)	3 vol.
Les Belles de Nuit, par PAUL FÉVAL	8 vol.
Tristan le Roux, par ALEXANDRE DUMAS FILS	3 vol.
Les Enfants de l'Amour, par EUGÈNE SUE	4 vol.
Un capitaine de Beauvoisis, par le marquis DE FOUDRAS	4 vol.
Un Ami diabolique, par A. DE GONDRECOURT	3 vol.
Brelan de Dames, par XAVIER DE MONTÉPIN	4 vol.
Le Roman d'une Femme, par A. DUMAS FILS	4 vol.
Jacques de Brancion, par le marquis DE FOUDRAS	5 vol.
Le Mari confident, par Madame SOPHIE GAY	2 vol.
Les Amours d'un Fou, par XAVIER DE MONTÉPIN	4 vol.
Les Officiers du Roi, par JULES DE SAINT-FÉLIX	2 vol.
Les deux Trahisons, par AUGUSTE MAQUET	2 vol.
Lord Algernon, par le marquis DE FOUDRAS	4 vol.
Madame de Miremont, par LE MÊME	2 vol.
La Comtesse Alvinzi, par LE MÊME	2 vol.
Les Gentilshommes chasseurs, par LE MÊME	2 vol.
Les Chevaliers du Lansquenet, par DE FOUDRAS et X. DE MONTÉPIN	10 vol.
Les Viveurs d'autrefois, par LES MÊMES	4 vol.
Les Péchés mignons, par A. DE GONDRECOURT	8 vol.
Confessions d'un Bohême, par XAVIER DE MONTÉPIN	5 vol.
Pivoine, par LE MÊME	2 vol.
La dame aux Camélias, par A. DUMAS FILS	2 vol.
Le Légataire, par A. DE GONDRECOURT	2 vol.
Médine, par LE MÊME	2 vol.
La Marquise de Candenil, par LE MÊME	2 vol.
Le dernier Kerven, par LE MÊME	2 vol.
Les sept Péchés Capitaux, par EUGÈNE SUE	20 vol.
Les Aventures de quatre Femmes, par A. DUMAS FILS	6 vol.
Le Docteur Servans, par LE MÊME	2 vol.
Césarine, par LE MÊME	1 vol.
Les Iles de Glace, par G. DE LA LANDELLE	4 vol.
Piquillo Alliaga, par EUGÈNE SCRIBE	11 vol.
Les vrais Mystères de Paris, par VIDOCQ	7 vol.
La Régence, par ALEXANDRE DUMAS	2 vol.
Louis Quinze, par LE MÊME	5 vol.
Louis Seize, par LE MÊME	5 vol.
Les Mille et Un Fantômes, par LE MÊME	2 vol.
Les Mariages du Père Olifus, par LE MÊME	3 vol.
La Femme au Collier de Velours, par LE MÊME	2 vol.
La Comtesse de Salisbury, par LE MÊME	6 vol.
Le Collier de la Reine, par LE MÊME	11 vol.
Mémoires d'un Médecin, par LE MÊME	19 vol.
Les Quarante-Cinq, par LE MÊME	10 vol.
Les deux Diane, par LE MÊME	10 vol.
Le Bâtard de Mauléon, par LE MÊME	9 vol.
La Fille du Régent, par LE MÊME	4 vol.
Le Chevalier de Maison-Rouge, par LE MÊME	6 vol.

Sceaux, impr. de MUNZEL frères.

EN VENTE :

MADAME GEORGE SAND.

Mont-Revêche.	4 vol.
François le Champi	2 vol.

XAVIER DE MONTÉPIN.

Les Oiseaux de Nuit.	5 vol.
Le Vicomte Raphaël.	5 vol.
Mignonne	3 vol.
Brelan de Dames.	4 vol.
Le Loup noir.	2 vol.
Confessions d'un Bohême.	5 vol.
Les Amours d'un Fou	4 vol
Pivoine	2 vol.
Les Viveurs d'autrefois.	4 vol.
Les Chevaliers du Lansquenet. . .	10 vol.

MADAME CHARLES REYBAUD.

Faustine et Sydonie.	3 vol.
Hélène.	2 vol.
Deux Marguerite.	2 vol

PAUL FÉVAL.

La Fée des Grèves.	4 vol.
Les Belles de Nuit.	8 vol.

ANDRÉ THOMAS.

Les Ouvriers de Paris.	4 vol.
Les Drames de Province.	8 vol.

MAXIMILIEN PERRIN.

Partie et Revanche.	2 vol.
Laquelle des Deux.	2 vol.
Le Sultan du Quartier.	2 vol.

ALEXANDRE DUMAS FILS.

Tristan le Roux.	3 vol.
Aventures de quatre femmes . .	6 vol.
Le docteur Servans	3 vol.
Le Roman d'une femme	4 vol.
Césarine.	1 vol.

LÉON GOZLAN.

Georges III	3 vol.
La Marquise de Belverano. . . .	2 vol.

Impr. de E. Dépée, à Sceaux (Seine)

www.ingramcontent.com/pod-product-compliance
Lightning Source LLC
Chambersburg PA
CBHW060504170426
43199CB00011B/1317